Die Kunst der Selbstdisziplin

Praktische Techniken zur Starkung
Deiner Mentalen Kraft, Widerstehe
Versuchungen, Eliminiere Schlechte
Gewohnheiten und Erreiche Deine Ziele
Ohne Selbstsabotage

Logan Mind

Laden Sie dein kostenloses Buch herunter! *6*

© URHEBERRECHT 2024 - ALLE RECHTE VORBEHALTEN. *7*

Wie du deine Extras herunterlädst *8*

Andere Bücher *10*

Werde Teil meines Rezensionsteams! *12*

Einführung *13*

Kapitel 1: Selbstdisziplin verstehen *16*

Kapitel 2: Die Grundlage mentaler Stärke *25*

Kapitel 3: Schlechte Gewohnheiten erkennen und überwinden *34*

Kapitel 4: Versuchungen effektiv widerstehen *45*

Kapitel 5: Zielsetzung und Zielerreichung *55*

Kapitel 6: Zeitmanagement für Selbstdisziplin *67*

Kapitel 7: Entwicklung einer disziplinierten Denkweise *79*

Kapitel 8: Resilienz und Durchhaltevermögen aufbauen *91*

Kapitel 9: Die Rolle der körperlichen Gesundheit bei der Selbstdisziplin *102*

Kapitel 10: Emotionale Regulation und Selbstdisziplin *113*

Kapitel 11: Produktivitätstechniken für den disziplinierten Geist *124*

Kapitel 12: Prokrastination überwinden *135*

Kapitel 13: Langfristige Selbstdisziplin aufrechterhalten *146*

Zum Abschluss *158*

Andere Bücher *160*

Hilf mir! *162*

Werde Teil meines Rezensionsteams! *163*

EMOTIONAL INTELLIGENCE
for Social Success

FREE DOWNLOAD: pxl.to/loganmindfreebook

LOGAN MIND

EXTRAS

https://pxl.to/LoganMind

Books
Workbooks
FREE GIFTS
Review Team
Audiobooks
Contacts

CLICK NOW!

@loganmindpsychology

Laden Sie dein kostenloses Buch herunter!

Als Dankeschön für deinen **Kauf** biete ich dir das Buch *Emotionale Intelligenz für den sozialen Erfolg* völlig **kostenlos** an.

In diesem Buch **entdeckst** du:

- Wie Emotionale Intelligenz deine zwischenmenschlichen **Fähigkeiten** verbessern kann

- Praktische Techniken zur Stärkung deiner emotionalen **Wahrnehmung**

- Methoden, um besser auf soziale **Situationen** zu reagieren

- Tipps zur Stärkung deiner **Empathie** und deines Mitgefühls

- Strategien zur Selbstregulation und positiven **Konfliktbewältigung**

Wenn du deine sozialen Kompetenzen aufpolieren möchtest, solltest du dir dieses Gratisbuch auf keinen Fall entgehen lassen.

Um sofort loszulegen, **klick** einfach hier:

https://pxl.to/loganmindfreebook

© URHEBERRECHT 2024 - ALLE RECHTE VORBEHALTEN.

Der Inhalt dieses Buches darf ohne ausdrückliche schriftliche Genehmigung des Autors oder des Verlags nicht reproduziert, vervielfältigt oder übertragen werden. Unter keinen Umständen werden der Verlag oder der Autor für Schäden, Wiedergutmachungen oder finanzielle Verluste haftbar gemacht, die direkt oder indirekt durch die in diesem Buch enthaltenen Informationen entstehen.

RECHTLICHER HINWEIS:

Dieses Buch ist urheberrechtlich geschützt. Es ist nur für den persönlichen Gebrauch bestimmt.

Sie dürfen keinen Teil oder den Inhalt dieses Buches ohne die Zustimmung des Autors oder des Verlags ändern, verteilen, verkaufen, verwenden, zitieren oder umschreiben.

Wie du deine Extras herunterlädst

Hast du jemals das Gefühl gehabt, dass der Schlüssel zu deinem **Erfolg** zwar greifbar, aber doch immer etwas außerhalb deiner Reichweite liegt? Diese Extras könnten genau das fehlende Element sein, das du brauchst, um den vollen Nutzen aus diesem Buch zu ziehen. Denk dran: Jedes **Werkzeug**, das dir zur Verfügung steht, kann den Unterschied zwischen mittelmäßigen Fortschritten und außergewöhnlichen Erfolgen ausmachen.

Was bieten die Extras?

• **PDF 21-Tage-Challenge**: Im Wert von 14,99 €, bietet diese Challenge praktische **Alltagsaufgaben**, um deine im Buch gelernte Disziplin zu festigen. Es ist, als hättest du einen persönlichen Trainer, der dir täglich hilft, deine Ziele zu erreichen.

• 101+ Inspirierende Zitate zur **Selbstdisziplin**: Manchmal reicht ein gut gewähltes Zitat, um den Funken der Inspiration zu entzünden. Diese Sammlung motivierender Sprüche wird deine Entschlossenheit erneuern und deinen Willen stärken, wenn du auf Bewährungsproben stößt.

• Schnell-Checkliste zur Überwindung schlechter **Gewohnheiten**: Im Wert von 9,99 € bietet diese Checkliste eine einfache, aber effektive Methode, deine schlechten Angewohnheiten schnell zu erkennen und durch positive zu ersetzen. Es ist dein schneller Wegweiser zu besserem Verhalten.

• Bonus: Emotionale **Intelligenz** für soziale Erfolge (Wert 14,99 €): Hier bekommst du einen weiteren essentiellen Leitfaden, wie emotionale Intelligenz dir hilft, in sozialen Situationen zu glänzen und stärkere Beziehungen aufzubauen. Unbezahlbar für langfristigen persönlichen und beruflichen Erfolg.

Geh einen Schritt weiter und schnapp dir diese ergänzenden Materialien, die dir die Kraft geben, deinen Weg zur ultimativen Selbstdisziplin zu ebnen.

Schau dir die Extras hier an:

https://pxl.to/6-taos-lm-extrasBath

Andere Bücher

Wenn du dieses Buch liest, beschäftigst du dich bereits intensiv mit dem Thema Selbstdisziplin und wie du deine **Ziele** erreichen kannst. Aber hast du jemals darüber nachgedacht, wie **emotionale Intelligenz**, **Selbstwertgefühl** und **Gehirntraining** deinen Weg zur Selbstdisziplin ergänzen könnten? Diese Themen sind nicht nur Wünsche, sondern wichtige Bausteine, die du bei deinem gesamten persönlichen Wachstum berücksichtigen solltest.

Ich habe andere Bücher geschrieben, die diese wichtigen Aspekte abdecken und die sowohl als Erweiterung als auch als Vertiefung zum Erkennen der Fähigkeiten aus diesem Buch dienen können. Diese Titel sind entweder bereits veröffentlicht oder werden bald erhältlich sein, sodass du dir wichtige Werkzeuge erschließen kannst, die weit über mentale Widerstandsfähigkeit hinausreichen.

Emotionale Intelligenz: Hier lernst du, deine **Gefühle** besser zu verstehen und zu steuern, was unverzichtbar ist, um Versuchungen zu widerstehen und deine Beziehungen souverän zu meistern.

Selbstwertgefühl: Dieses Buch soll dir helfen, dich selbst mehr zu schätzen und tiefer in dein Selbstbewusstsein einzutauchen, um dein wahres Potenzial zu erkennen und deine **Gesundheit** zu steigern.

Gehirntraining: Dein Gehirn ist wie ein Muskel, der geformt und gestärkt werden muss. Methoden und Übungen zur Verbesserung deiner Gedächtnisleistung, Konzentration und Denkschärfe werden hier zu deinem Vorteil beleuchtet.

Indem du diese Bücher zur Hand nimmst und anwendest, bist du bestens gerüstet, um alle Herausforderungen anzugehen und das Beste aus deinem **Leben** herauszuholen.

Um weitere Bücher zu finden:

• Folge dem unten stehenden Link.

• Klick auf "All My Books".

• Wähle die Bücher aus, die dich interessieren.

• Wenn du mich kontaktieren möchtest, findest du alle Kontaktmöglichkeiten am Ende des Links.

Check out all my books and contacts here:

https://pxl.to/LoganMind

Werde Teil meines Rezensionsteams!

Vielen Dank, dass du mein Buch liest. Deine **Lesezeit** und deine **Meinung** sind unbezahlbar für mich. Wenn du ein **leidenschaftlicher Leser** bist, möchte ich dir die **Chance** geben, ein kostenloses Exemplar meines **Buches** zu bekommen. Im Gegenzug bitte ich dich nur um eine ehrliche **Bewertung**. Das würde mir echt helfen!

So kannst du dem ARC-Team beitreten:

• Klick einfach auf den Link oder scann den QR-Code.

• Dann tipp auf das Buchcover auf der Seite, die sich öffnet.

• Wähl "Join Review Team" aus.

• Meld dich bei BookSprout an.

• Du kriegst 'ne Nachricht, jedes Mal wenn ich was Neues veröffentliche.

Schau dir das Team hier an:

https://pxl.to/loganmindteam

Einführung

Hallo! Bist du es leid, dass du immer wieder in die gleichen alten **Angewohnheiten** verfällst? Möchtest du endlich dein volles **Potenzial** entfalten und deine **Ziele** erreichen, ohne dich selbst zu sabotieren? Wenn ja, dann bist du hier goldrichtig.

Ich habe viele Jahre damit verbracht, die Dynamik der **Selbstdisziplin** zu erforschen und anzuwenden - sowohl in meinem eigenen Leben als auch im Coaching von anderen. Du fragst dich vielleicht: "Warum Selbstdisziplin?" Die Antwort ist simpel. Ohne sie wirst du immer wieder zurückfallen, egal wie genial deine Pläne sind.

Selbstdisziplin ist nicht nur Kopfsache. Es geht darum, mentale **Stärke** zu entwickeln, emotionales Gleichgewicht zu finden und durchzuhalten, auch wenn's hart auf hart kommt. Weißt du, wie viele geniale Ideen im Sand verlaufen, nur weil jemand die nötige Disziplin nicht aufbringt? Bestimmt viel zu viele.

In diesem Buch geht's darum, dir praktische und sofort umsetzbare **Techniken** beizubringen, um deine mentale Härte zu verbessern. Es wird dir helfen, schlechte Gewohnheiten zu knacken und Versuchungen zu widerstehen. Wer will das nicht?

Was steckt genau hinter Selbstdisziplin? Es ist eine ganze Welt - von der Psychologie der Selbstkontrolle bis hin zur neurologischen Seite der Disziplin. Du brauchst Kenntnisse darüber, um deine Willenskraft zu managen und nicht daran zu scheitern. Ich werde dir helfen, die Mechanismen hinter deinem eigenen Verhalten zu kapieren.

Oft hört man ja: "Ich hab' einfach keine Willenskraft." Oder: "Das ist eben nicht mein Ding." Glaub mir, das sind nur faule Ausreden. Wenn du die dahinterliegenden Mechanismen erst verstanden hast, kannst du sie verändern. Keine Bange – das Ganze geht Schritt für Schritt. Es ist echt 'ne spannende Reise.

Oh, ich hab' ganz vergessen, dir von meiner Erfahrung zu erzählen. In meinem Berufsleben hab' ich in den unterschiedlichsten Bereichen gearbeitet und dabei viele Menschen gecoacht und beraten. Durch diese Erfahrung konnte ich ein tiefes Verständnis für menschliches Verhalten und Kommunikation entwickeln. Du kannst dir sicher sein, dass ich weiß, wovon ich rede, wenn's um Selbstdisziplin geht.

Nun, was sind die Hauptprobleme, mit denen wir alle zu kämpfen haben, wenn's um Selbstdisziplin geht? Erstens da ist dieser endlose Kampf mit schlechten Gewohnheiten. Ob's das ständige Aufschieben ist oder die Unfähigkeit, einer Versuchung zu widerstehen – wir waren alle schon da. Aber keine Sorge, mit speziellen Strategien und etwas Übung wirst du's schaffen, diese Hürden zu nehmen.

Dann kommt die Sache mit den emotionalen Triggern. Weißt du, wie leicht es ist, aufzugeben, wenn man sich mies fühlt oder gestresst ist? Emotionen können entweder unsere stärkste Waffe oder unser größter Feind sein, wenn's um Selbstdisziplin geht. In meinem Buch zeig' ich dir, wie du emotionale Intelligenz entwickelst und lernst, deine Gefühle zu steuern, statt von ihnen gesteuert zu werden.

Vielleicht denkst du jetzt: "Das klingt ja alles gut, aber ich wette, bei mir klappt's trotzdem nicht." Nun, ich kann dir nicht versprechen, dass es ein Kinderspiel wird. Selbstdisziplin erfordert **Anstrengung** und Konsequenz. Aber was ich dir zusichern kann, ist, dass diese Prinzipien und Techniken, wenn du sie richtig anwendest, dein Leben komplett umkrempeln können.

Ein letzter Gedanke: Selbstdisziplin ist nichts, was du einmal lernst und dann für immer hast. Es ist ein Prozess, ein ständiges Verbessern. Aber das Tolle daran ist, dass jeder kleine Fortschritt dich deinem Ziel näherbringt.

Ich bin total gespannt darauf, wie du mit dem **Wissen** und den Techniken aus diesem Buch deinen Alltag auf den Kopf stellen wirst. Also, lass uns loslegen – hier ist dein Leitfaden zur echten Selbstkontrolle und mentalen Stärke.

Auf geht's!

Kapitel 1: Selbstdisziplin verstehen

Hast du dich je gefragt, was den Unterschied zwischen **Erfolg** und Scheitern ausmacht? Ich auch. Oft dreht sich die Antwort um **Selbstdisziplin**. Klar, jeder kennt diese kleinen Kämpfe – aus dem Bett kommen, dem letzten Stück Kuchen widerstehen oder die **Motivation** finden, trotz Müdigkeit weiterzumachen.

In diesem Kapitel gehen wir nicht den steilen, akademischen Weg, sondern einen nachvollziehbaren. Selbstdisziplin ist eine dieser mysteriösen Kräfte, die wir unbedingt entschlüsseln wollen. Aber keine Sorge, du musst nicht deinen ganzen Tag opfern, um dahinterzukommen. Wir schauen uns gemeinsam an, wie dein **Gehirn** dich beeinflusst – oder manchmal sabotiert.

Gewohnheiten klingen irgendwie langweilig, oder? Aber sie sind die Zauberformel, die gute Absichten in Routine verwandeln. **Willenskraft**? Auch dazu gibt's ein paar Tricks in petto.

Anfangs ist es nicht immer leicht zu verstehen, warum wir so ticken, wie wir ticken, aber glaub mir, du wirst von den **Erkenntnissen**, die wir hier entdecken, überwältigt sein. Es ist wie eine kleine Maschine in unserem Inneren, die wir endlich unter die Lupe nehmen und steuern können. Bereit, dich selbst zu überraschen? Dann lass uns **loslegen**...

Die Psychologie der Selbstkontrolle

Selbstkontrolle ist die Fähigkeit, deine Gedanken, Emotionen und Verhaltensweisen zu regulieren, um langfristige Ziele zu erreichen. Es geht darum, nicht nur Dinge sofort zu tun, sondern eher das größere Bild im Kopf zu behalten. Warum gehst du morgens joggen, anstatt noch eine Stunde zu schlafen? Weil du irgendwo diese Kontrolle hast, dich für das **Akut-Bedeutsame** zu entscheiden.

Wenn wir über die kognitiven Prozesse sprechen, die bei der Entscheidungsfindung und Impulskontrolle eine Rolle spielen, sind im Grunde zwei Sachen wichtig. Erstens: **Willenskraft**. Die Energie, die du benutzt, um das Richtige zu tun statt das Bequeme. Zweitens: **Rationalisierung** - wie du mit dir selbst sprichst, um zu erklären, warum du gerade etwas machst oder nicht machst. Stell dir vor, du stehst vor einem Stück Kuchen und willst dich gesünder ernähren. Deine Willenskraft ist das, was dich abhält, reinzuhauen. Aber dein Hirn? Das versucht dich zu überreden, dass dieses eine Stück Kuchen gar nicht so schlimm ist. Im Prinzip setzt das Gehirn alle Register, um seinen kurzzeitigen Bedürfnissen nachzugeben.

Gehen wir ein bisschen tiefer. Hast du schon mal vom **präfrontalen Kortex** gehört? Ja? Nein? Egal. Er ist unheimlich wichtig für unsere Selbstregulation. Er sitzt direkt hinter deiner Stirn und ist verantwortlich für lustige Dinge wie exekutive Funktionen. Also so Sachen wie Problemlösen, Gedächtnis und – du hast es erraten – Impulskontrolle. Er hilft dir dabei, eine Strategie zu basteln, um dein Verhalten zu kontrollieren und sie dann auch durchzuziehen. Wenn der Kortex nicht topfit ist, sagen wir wie bei Leuten, die permanent stressen, dann funktioniert der ganze Wagen, der dich von deinen kurzfristigen Wunschgedanken wegziehen soll, ziemlich ruckelig.

Also was heißt das konkret für dich? Stell dir vor, dein **Verstand** steht vor einer Gabelung. Der eine Weg führt direkt zu den kurzen

Glücksgefühlen (Kuchen essen) und der andere zu den langfristigen Vorteilen (gesund sein). Dein präfrontaler Kortex ist das Navi, das dich auf dem zweiten Weg hält und vor diesen kurzen Abfahrten warnt. Echt schlau, dieser Kerl. Die Krux liegt jedoch darin, Konzentration und Fokus zu behalten und diese Stimme in dir dazu zu bringen, diese nervende Leck-mich-Tour zu vermeiden und auf Kurs zu bleiben.

Immer wenn du versucht bist, die Diät zu brechen oder einen faulen Tag einzulegen: Halt kurz inne. Versuche, deine Entscheidungen oder Verlangen zu rationalisieren. Frag dich, ist das jetzt wirklich dringend, oder kann ich durch **Disziplin** längerfristig nur gewinnen? Dieser kurze Atemzug kann oft genügen, um deinem präfrontalen Kortex das Ruder zurückzugeben.

Wir können jetzt also behaupten, dass die Fähigkeit, unsere **Impulse** zu kontrollieren und rational sinnvolle Entscheidungen zu treffen, fundamental für unsere Selbstdisziplin ist. Klar, es braucht Übung und manchmal auch einen Tritt in den Hintern, aber mit der Zeit wirst du besser darin. Eigentlich so wie beim Sporttraining. Du musst nur aktiv dranbleiben und eben nicht jeder Versuchung nachgeben.

Neurowissenschaft und Selbstdisziplin

Stell dir vor, du naschst ein Stück **Schokolade**. Sofort fühlt sich alles besser an. Das **Belohnungssystem** in deinem Gehirn feuert Neurotransmitter wie Dopamin ab, die dir ein gutes Gefühl geben. Dein Gehirn ist wie ein Hund, der Leckerlis liebt. Genauso funktioniert auch deine **Motivation**. Du machst etwas und dein Gehirn sagt: "Gut gemacht!" Das produziert diese kurzen Glücksgefühle, die dich dazu bringen, weiterzumachen. Aber hier ist der Haken: Du neigst dazu, kurzfristigen Belohnungen wie

Schokolade oder Social Media stärker nachzugehen als langanhaltenden Zielen. Und das macht **Selbstdisziplin** so schwierig.

Weiter geht's mit **Neuroplastizität**. Dein Gehirn ist nicht in Stein gemeißelt. Nein, es ist wie Knete. Du formst ständig neue Nervenbahnen - das nennt man Neuroplastizität. Wenn du jeden Morgen joggen gehst, dann schaffst du diese Bahn. Das Gleiche gilt aber auch für schlechtere Angewohnheiten. Neuroplastizität hilft dir also dabei, neue, bessere Gewohnheiten zu formen - indem du alte, weniger gute Wege körnst und durch neue ersetzt. Ein bisschen wie das Aufmalen neuer Straßenkarten.

Ein weiterer Aspekt: **Stress**. Stress kann dir echt den Wind aus den Segeln nehmen. Höheres Stressniveau sorgt dafür, dass das Stresshormon Cortisol ausgeschüttet wird. Und dieses Cortisol blockiert den präfrontalen Cortex - das ist der Teil deines Gehirns, der für Entscheidungsfindung zuständig ist. Also: Mehr Stress, weniger Selbstdisziplin. Wenn du mal so richtig gestresst bist, greifst du eher zu ungesundem Essen oder du lässt Aufgaben einfach links liegen. Deshalb ist **Stressmanagement** wichtig für Selbstdisziplin.

Zum Abschluss nochmal kurz die wichtigsten Punkte:

• Dopamin sorgt für Glücksgefühle.

• Kurzfristige Belohnungen verleiten eher als langfristige Ziele.

• Dein Gehirn passt sich an neue Gewohnheiten an.

• Alte Bahnen auslöschen, neue formen.

• Cortisol hindert den präfrontalen Cortex.

• Stressmanagement hilft bei der Selbstkontrolle.

Fühlst du dich manchmal, als sei es unmöglich, den eigenen Impulsen zu widerstehen? Keine Sorge, das passiert jedem mal. Wichtig ist die Einsicht darüber, wie dein Gehirn tickt. Wenn du verstehst, was da oben abgeht, wird es ein wenig leichter zu begreifen, warum du manchmal so handelst, wie du es tust. Dazu gehört eben auch, dir Zeit zu geben und zu erkennen, dass Neuroplastizität kein Sprint ist - sondern ein echtes **Marathon-Thema**.

Das war's für den Moment. Wie wär's, wenn du diesen Blogpost nutzt, um mal ein Anliegen in Angriff zu nehmen, das du schon lange vor dir herschiebst? Wäre doch einen Versuch wert, oder?

Die Rolle von Gewohnheiten bei der Selbstdisziplin

Gewohnheiten, nicht wahr? Diese **automatisierten** Verhaltensweisen sparen dir nicht nur viel mentale Energie, sondern machen **Selbstdisziplin** einfacher. Stell dir vor, du müsstest jeden Morgen komplett neu überlegen, wie du Zähne putzen sollst. Wäre doch extrem anstrengend, oder? Stattdessen machst du das völlig automatisch, ohne viel nachzudenken. Genau das Gleiche gilt für Gewohnheiten, die dir helfen, bei schwierigeren Aufgaben diszipliniert zu bleiben. Wenn du eine Gewohnheit etabliert hast, läuft sie von alleine – wie ein Autopilot. Und das lässt dir mehr mentale Energie für andere wichtige Entscheidungen.

Eine wunderbare Methode, um disziplinierte Verhaltensweisen zu verbessern, ist das sogenannte **Habit Stacking**, zu Deutsch: Gewohnheiten stapeln. Vielleicht hast du schon mal davon gehört. Die Idee ist simpel. Du nimmst eine existierende Gewohnheit - wie zum Beispiel jeden Morgen Kaffee trinken - und fügst eine neue, positiv disziplinierte Handlung dazu hinzu. Wie jeden Morgen eine Seite in deinem Tagebuch schreiben, während du den Kaffee genießt. So wird die neue Gewohnheit mit der alten verknüpft und einfacher zu erlernen. Du stapelst also neue Gewohnheiten auf alte, wodurch der gesamte Vorgang natürlicher und integrierter wird.

Ach ja, und warum funktioniert das? Das können wir uns mal im **Gehirn** ansehen. Die **Gewohnheitsbildung** hat viel mit den Basalganglien zu tun. Dies sind tief im Gehirn gelegene Strukturen, die verantwortlich für Bewegungssteuerung und viele automatisierte Prozesse sind. Wenn du eine neue Handlung wiederholst, senden die Basalganglien Signale, die eine Art „Pfad" in deinem Gehirn erstellen. Je mehr du diese Handlung ausführst, desto stärker und stabiler wird dieser Pfad und desto automatischer läuft die Gewohnheit ab. Stell dir das vor wie einen Trampelpfad im Gras: Je öfter du denselben Weg gehst, desto deutlicher wird er. Das heißt, deine Basalganglien spielen eine Schlüsselrolle bei der Automatisierung von Verhaltensweisen.

Natürlich gibt es dabei zwei wichtige Punkte. Der eine ist die positive **Bestärkung** - wenn du eine neue, disziplinierte Gewohnheit etablierst, wie zum Beispiel jeden Tag Sport zu treiben, sie dabei aber als angenehm empfindest, wird dein Gehirn das Verhalten eher beibehalten. Der zweite Punkt wäre **Wiederholung**. Je öfter du die Gewohnheit ausführst, desto tiefer verankert sie sich im Gehirn. Eine umfassende Herangehensweise macht hier wirklich einen Unterschied.

Am Ende helfen dir Gewohnheiten also enorm, disziplinierter zu sein, ohne dass du es wirklich großartig merkst. Eine kleine Sache zu ändern, wie den Beginn deiner Morgenroutine, kann enorm hilfreich sein zur Entwicklung einer besseren Selbstdisziplin. Warum nicht mal versuchen? Ein kleiner Schritt, und schwupps dringst du in größere Aspekte der Selbstdisziplin ein.

Insofern sind Gewohnheiten nicht nur praktisch, sondern erleichtern dir das Leben und lassen dich energiegeladen und diszipliniert bleiben. Nicht zu unterschätzen, diese Gewohnheitsgeschichten!

Willenskraft-Ermüdung und -Management

Willenskraft – klingt einfach, oder? Aber sie ist wie eine **Batterie**. Du denkst, sie ist unendlich und dann... peng, plötzlich leer. Und du fragst dich: "Was ist passiert?"

Willenskraft ist, einfach gesagt, eine begrenzte **Ressource**. Stell dir vor, du hast ein bestimmtes Konto an Willenskraft, und jedes Mal, wenn du etwas tust, was **Selbstkontrolle** erfordert, ziehst du einen kleinen Betrag davon ab. Am Ende des Tages könnte dieses Konto erschöpft sein, und du findest es schwieriger, **Versuchungen** zu widerstehen oder produktiv zu bleiben.

Was leert diese Batterie also? Es gibt eine Menge Faktoren, die deine Willenskraft erschöpfen können. Zum Beispiel, jede Entscheidung, die du triffst, nimmt einen kleinen Bissen deiner Willenskraft. Weitere Sachen wie langandauerndes Arbeiten, **Stress**, kaum Schlaf und sogar eine schlechte Ernährung können alle deine Willenskraft schneller verbrauchen, als du denkst.

Jetzt aber zur Frage: Wie kannst du dir diese Willenskraft bewahren? Gibt es nur begrenzte Power oder kannst du das irgendwie pflegen? Ja, ein paar Tricks gibt es schon.

Zuerst kannst du "Entscheidungen" minimieren. Komisch, oder? Aber je weniger **Entscheidungen** du täglich treffen musst, desto besser. Also plane am Morgen deine Mahlzeiten oder leg deine Outfits am Vorabend zurecht. Solche kleinen Schritte schonen dein Willenskraftkonto ein bisschen.

Pausen sind auch super wichtig. Mal abschalten, tief durchatmen oder einfach kurz etwas anderes machen – das gibt deiner Willenskraft eine kleine Verschnaufpause. Ach, und Bewegung, auch nur ein kurzer Spaziergang, hilft Wunder! Bewegung kann wahre Wunder wirken!

Etwas, was oft übersehen wird, ist der **Blutzuckerspiegel**. Ein gesunder Blutzuckerspiegel erhält dein Energieniveau und damit auch deine Willenskraft. Snack auf etwas Gesundes – Obst oder Nüsse – wenn der Magen knurrt. Zuckerhoch und -tief ist hingegen schlecht!

Und schließlich, lern Selbsterkenntnis. Klingt vielleicht etwas emotional oder spirituell, aber stimmt einfach. Zu wissen, wann deine Willenskraft nachlässt, ist essenziell. So vermeidest du, in Willenskraft-"Ackermüdung" Punkte zu spaßigen Versuchungen wie Fast Food oder Prokrastination zu stolpern.

Was ist Selbsterkenntnis? Einfach zu wissen, wie du funktionierst. Bist du am Nachmittag besonders anfällig für "schlechte" Entscheidungen? Dann akzeptiere, dass du ab und zu Pausen brauchst. Und das führt uns zurück zur Selbstkontrolle und Willenskraft.

Fassen wir zusammen: Du brauchst Werkzeuge, um deine Willenskraft zu verwalten. Weniger Kleinkram entscheiden, dich öfter bewegen, gesunden Snack griffbereit halten und die besten Pausen für dich finden – all das hilft. Selbstbewusst zu sein hilft auch.

Eine durchdachte Balance aus Aufgabe, Pause, Snacks und Bewegung ist der Schlüssel. Wenn du das anstrebst, kann deine Willenskraft-Batterie länger durchhalten. Genieß deine verbesserte Batterieaufladung! Es gibt noch viele weitere Tipps, die dir helfen können.

Schön zu wissen, dass es ein paar Tricks gibt, die dir bei Stolpersteinen helfen können!

Zum Schluss

In diesem Kapitel hast du dich eingehend mit dem **Konzept** der Selbstdisziplin auseinandergesetzt. Du hast die verschiedenen Aspekte und Mechanismen untersucht, die dabei eine Rolle spielen. Mit praktischen Beispielen und verständlichen Erklärungen wurde dir gezeigt, wie wichtig es ist, **Beharrlichkeit** und Kontrolle über deine Handlungen und Entscheidungen auszuüben.

Du hast gesehen, dass Selbstdisziplin die **Fähigkeit** ist, Gedanken, Emotionen und Verhaltensweisen im Sinne langfristiger Ziele zu regulieren. Außerdem hast du gelernt, wie **Entscheidungsprozesse** und Impulskontrolle funktionieren und welche Rolle der präfrontale Cortex bei der Selbstregulation spielt. Dir wurde klar, dass das **Belohnungssystem** des Gehirns großen Einfluss auf Motivation und Selbstdisziplin hat. Zudem hast du Strategien kennengelernt, um **Willenskraft** zu sparen und Müdigkeit zu verhindern.

Jetzt liegt es an dir, das Gelernte in deinem Alltag umzusetzen, sei es in der Schule, beim Sport oder beim Erreichen persönlicher Ziele. Es liegt in deiner Hand, mit bewusster Selbstdisziplin deine **Träume** Wirklichkeit werden zu lassen. Werde zum Meister deiner **Gewohnheiten** und lass dich nicht von kurzfristigen Versuchungen ablenken. Du hast es drauf!

Kapitel 2: Die Grundlage mentaler Stärke

Hast du dich jemals gefragt, wie manche Leute immer **ruhig** und **fokussiert** bleiben, egal was passiert? Na ja, ich hab's auch getan. In diesem Kapitel erzähle ich dir einige der geheimen Tricks, die dir helfen können, diese „mentale Stärke" zu entwickeln.

Du wirst merken, dass mentale Härte nicht nur für **Athleten** reserviert ist. Sie ist wie ein **Werkzeugkoffer**, den du in allen Lebenslagen nutzen kannst – im Job, in der Schule oder im Alltag. Glaub mir, ich war auch mal an dem Punkt, an dem ich dachte, alles sei zu viel. Und wie bin ich da rausgekommen? Mit Neugier und ein bisschen Recherche.

Die Definition mentaler Stärke kratzt hier nur an der Oberfläche. Aber psst, die Grundlagen sind in Wirklichkeit viel einfacher, als du denkst! Wenn du weiterliest, wirst du über Dinge wie **emotionale Intelligenz** und **Selbstdisziplin** stolpern. Klingt kompliziert? Ist es aber nicht.

Als ich herausfand, wie man das alles zusammenbringt, hat sich meine Sichtweise total geändert. Und das Beste daran – du kannst das auch! Mit einer **Amygdala** hier und ein bisschen **Neocortex** da lernst du, die Dinge besser zu meistern.

Tauche ein und wirf einen Blick auf die verschiedenen Aspekte, die mentale Härte ausmachen. Es wird echt erhellend sein!

Definition von mentaler Stärke

Stell dir vor, du bist mitten in einer intensiven Phase deines Lebens und es scheint, als ob die Welt dir immer wieder neue Hindernisse in den Weg stellt - und du bleibst dennoch ruhig und **fokussiert**. Das ist mentale Stärke. Die **Fähigkeit**, trotz Herausforderungen weiterhin stark zu bleiben und unter Druck den Durchblick zu behalten. Es geht darum, nicht aufzugeben, auch wenn es schwierig wird.

Mentale Stärke hat vier Hauptkomponenten:

- Kontrolle

- Engagement

- Herausforderung

- Selbstvertrauen

Kontrolle: Dies bedeutet, einen klaren Kopf zu bewahren, egal was passiert, und das eigene Verhalten und die Emotionen im Griff zu haben. Es gibt dir die Macht, in stressigen Situationen effektiv zu handeln, ohne dass du dich von Angst oder Panik überwältigt fühlst.

Engagement: Einfach ausgedrückt, es bedeutet, trotz aller Hürden und Rückschläge dranzubleiben. Wenn du dir ein Ziel gesetzt hast, gibst du nicht nach dem ersten unvorhergesehenen Problem auf. Du bleibst konzentriert und setzt alles daran, deine Ziele zu erreichen.

Herausforderung: Hier geht es darum, Schwierigkeiten als Chancen zur persönlichen Weiterentwicklung zu sehen und mutig voranzuschreiten. Es bedeutet, dass du Schwierigkeiten nicht als unüberwindbare Barrieren, sondern als Meilensteine auf deinem eigenen Weg betrachtest. Du gehst also aktiv auf das Problem zu, anstatt dich verstecken zu wollen.

Selbstvertrauen: Selbstvertrauen ist das sichere Wissen, dass du in der Lage bist, deine Ziele zu erreichen. Wenn du dir selbst vertraust, kannst du deine Ängste überwinden – und das stärkt nicht nur deinen Antrieb, sondern macht es auch schwieriger, dich wieder zum Aufgeben zu bewegen.

Apropos mentale Stärke und **Resilienz** – diese beiden Begriffe sind eng miteinander verknüpft, besonders wenn's um das Erreichen langfristiger Ziele geht. Resilienz ist die Fähigkeit, sich nach Rückschlägen schnell wieder aufzurappeln. Stell dir vor, du läufst einen **Marathon**. Dabei kommst du an einen Punkt, wo alles wehtut und keinerlei Motivation mehr übrig ist. Hier trennt sich die Spreu vom Weizen – sowohl mentale Stärke als auch Resilienz sind gefragt, um weiterzumachen, obwohl alles in dir schreit, aufzugeben.

In meinem Leben – ich wette, in deinem auch – gab's sicher schon Momente, in denen alles schiefging. Jobsuche läuft mies, Beziehungen knirschen, und dann geht auch noch das Auto kaputt. Vielleicht hast du gewackelt, aber letztendlich weitergemacht. Das ist nicht bloß Durchhaltevermögen, das ist die Kombination von mentaler Stärke und Resilienz. Die beiden arbeiten zusammen wie beste Kumpels, die sich gegenseitig unterstützen. Während die mentale Stärke dir sagt, dass du es schaffen kannst, hilft dir die Resilienz, dich von jedem neuen Tiefschlag wieder zu erholen.

Mentale Stärke und Resilienz machen es also möglich, langfristige **Ziele** zu erreichen, weil sie dich davor schützen, schnell aufzugeben. Sie verwandeln große Vorhaben in machbare Schritte. Und letztlich sitzt du dann da, schaust zurück und bist erstaunt, wie weit du gekommen bist.

Sich diese Fähigkeiten anzueignen erfordert aber Zeit und **Einsatz**. Jeden Tag ein kleines bisschen stärker werden, Hindernisse überwinden und dabei immer den Blick auf das große Ganze richten. Schritt für Schritt. Einer nach dem anderen.

Quer durch diese Reise, trotz Sägen und Stolpersteinen, bleibt deine Entschlossenheit standhaft. Denk nur an das Gefühl, wenn du zurückblickst und siehst, dass du dorthin gekommen bist, wo du sein wolltest! Das zahlt sich aus – nicht wahr?

Die Komponenten der mentalen Resilienz

Um über mentale **Resilienz** zu sprechen, müssen wir zuerst klären, was damit gemeint ist. Resilienz, oder psychologische Widerstandsfähigkeit, bedeutet, dass du die Fähigkeit hast, dich an widrige Umstände anzupassen und danach gestärkt zurückzukommen. Es ist, als würdest du einen schweren Schlag einstecken – und dich trotzdem aufrappeln, die Krone richten und weitermachen. Anders gesagt, es ist die **Kraft**, nach Herausforderungen wieder auf die Beine zu kommen.

Aber was brauchst du nun, um diese Art von Resilienz zu entwickeln? Eine große Komponente ist die kognitive **Flexibilität**. Klingt vielleicht kompliziert, ist es aber nicht wirklich. Es bedeutet einfach, dass du deine Denkweise anpassen kannst, wenn es nötig ist. Wenn du flexibel denkst, bewertest du Situationen nicht zu starr oder einseitig. Vielleicht hattest du mal einen richtig miesen Tag, bist aber trotzdem in der Lage, dir zu denken: „Okay, Montage sind immer ätzend, aber morgen wird's besser!" – das ist kognitive Flexibilität in Aktion. Du lässt dich also nicht von negativen Ereignissen unterkriegen, sondern findest Wege, um dir selbst die Situation auf eine vernünftige und positive Weise zu erklären.

Nächster Punkt: Soziale **Unterstützung**. Du kennst das sicherlich – wenn alles schiefläuft, ist es manchmal das Gespräch mit einem guten Kumpel, das dich wieder erdet. Positive **Beziehungen** tun genau das. Sie geben dir ein Netzwerk von Leuten, die dir zuhören, dich aufmuntern und dir helfen, klarzukommen. Es ist wie eine Art

Sicherheitsnetz, das du hast, wenn du es brauchst. Diese Verbindungen helfen dir, Perspektive zu gewinnen und Dinge im größeren Zusammenhang zu sehen. Du bist eben nie wirklich allein, und das hilft unglaublich, um abzuschalten und sich zu erholen.

Deshalb ist soziale Unterstützung auch so wichtig. Von einem guten Freund, der dich zum Lachen bringt, bis hin zu einem Gespräch mit der Familie, das dich stärkt – positive soziale Kontakte können eine regelrechte **Wunderwaffe** für dein Wohlbefinden sein. Natürlich geht es auch darum, dass du selbst Unterstützung gibst. Es ist keine Einbahnstraße. Wenn du anderen zur Seite stehst, erlebst du auch ein Gefühl der Verbundenheit und Zufriedenheit.

Zusammengefasst handelt es sich bei der Entwicklung von Resilienz also um eines: beweglich bleiben und auf deine Umgebung setzen. Deine Denkweise flexibel halten und dich an Veränderungen anpassen, damit du nicht festgefahren und starr wirkst. Und eben soziale Unterstützung suchen und geben. Das ist der Mix, der dich in deine mentale "Bestform" bringt.

Also, pack's an! Du bist zwar nicht immer vor schlechten Tagen oder schwierigen Phasen gefeit, aber mit diesen Prinzipien bist du gut dafür gerüstet, jederzeit stark und **widerstandsfähig** zu bleiben. Das ist wahre Resilienz, und du kannst sie in dir aufbauen – Schritt für Schritt.

Emotionale Intelligenz und Selbstdisziplin

Emotionale Intelligenz bedeutet einfach gesagt, dass du deine eigenen **Emotionen** erkennen, verstehen und auch managen kannst. Denk mal kurz drüber nach. Weißt du immer genau, warum du wütend oder traurig bist? Oder manchmal, wenn du dich freust? Genau das ist emotionale Intelligenz. Es geht nicht nur darum, wie du dich selbst fühlst, sondern auch darum, wie du mit den Gefühlen anderer umgehst.

Emotionale **Selbstwahrnehmung** – das ist der erste Schritt. Du fängst an zu merken, wenn du zur Wut oder Nervosität neigst. Langsam wird dir klar, welche Situationen welche Gefühle in dir auslösen. Das hilft dir dabei, dich nicht gleich auf die Palme bringen zu lassen. Du reagierst gelassener. Also, fühlst du dich schlecht? Ach komm, tief durchatmen, kurze Pause, und dann weitermachen. Das ist **Selbstregulation**. Und was ist der Lohn? Bessere Selbstdisziplin. Du wirst merken, dass du dich nicht immer gleich von deinen Emotionen leiten lässt und so weniger Chancen hast, deine To-Do-Liste in den Müll zu werfen.

Nun zur **Empathie**. Stell dir vor, jemand bei der Arbeit hat einen schlechten Tag. Du merkst das an seinen Bewegungen und seinem Gesichtsausdruck – das ist Empathie. Es ist nicht nur gut fürs zwischenmenschliche Miteinander. Im sozialen Kontext hilft Empathie auch, selbst diszipliniert zu bleiben. Warum? Du verstehst andere besser, fühlst mit, weißt, wann jemand Unterstützung braucht und wann nicht. Damit steuert deine emotionale Intelligenz ein wenig mehr bei zur eigenen Standhaftigkeit gegenüber Impulsen. Beispielsweise, dich nicht in einer hitzigen Diskussion mitreißen zu lassen.

Streitereien mit Freunden oder Familie? Oh ja! Sehr emotional, nicht wahr? Aber mit ein bisschen Übung kannst du in solchen Momenten innehalten, mitfühlen und zugleich ruhig bleiben. So vermeidest du unüberlegte Worte und Taten, die dir später vielleicht leid tun würden. Dazu gehört auch, einfach mal zuzuhören und sich zu öffnen. Unterm Strich macht dich das stabiler und selbstbeherrschter.

Ich denke, emotionale Intelligenz ist in deinem Alltag eine Grundvoraussetzung für wirkliche, langfristige **Disziplin**. Wir alle wissen, dass es nicht immer leicht ist, die guten Gewohnheiten durchzuziehen oder die schlechten loszuwerden. Aber je besser du dich und die anderen verstehst, desto einfacher wird's für dich. Keine Selbst-Sabotage! Also, pack's an! **Kommunikation**, Verständnis und ein bisschen mehr Selbstkontrolle – das bringt alle auf einen besseren Weg.

E-Mails ohne Emojis und Abkürzungen - einfach mal ausprobieren! Spüre den Unterschied. Ja, Gefühle werden tatsächlich sichtbar, durch deine Leidenschaft, aha... Gaaanz chillig.

Und was jetzt? Du siehst, wie emotional kluge Menschen flexibler und belastbarer sind. Klingt spannend, oder? Empathisch, selbstdiszipliniert und, okay, vielleicht manchmal auch neugierig. Rundherum mehr **Ausgeglichenheit** und Wohlgefühl. Das klingt doch machbar!

Der Ansatz der Wachstumsmentalität

Die **Wachstumsmentalität**, oder Growth Mindset, ist der Glaube, dass du deine **Fähigkeiten** und deine Intelligenz durch Anstrengung und Lernen weiterentwickeln kannst. Denkst du manchmal, du könntest dich in Mathe oder Sprachen nie verbessern, egal wie viel du büffelst? Eine Wachstumsmentalität bedeutet das Gegenteil. Du glaubst daran, dass du mit genug Einsatz und der richtigen Herangehensweise immer besser werden kannst.

Macht so 'ne Denkweise einen Unterschied? Aber hallo! Stell dir vor, du stehst vor 'ner echt kniffligen Aufgabe. Mit 'ner Wachstumsmentalität siehst du das nicht als Hindernis, sondern als **Chance**. Wenn's nicht gleich klappt, sagst du dir: "Hey, das ist 'ne Möglichkeit zu wachsen und dazuzulernen." So denkst du, und schon verbesserst du deine Ausdauer und **Resilienz**. Klar, du wirst wahrscheinlich mal stolpern, aber genau dann rappelst du dich auf und machst weiter, bis es funzt.

Krass ist auch, wie dein innerer Dialog 'ne große Rolle spielt. Stell dir vor, du startest ein schwieriges Projekt und es läuft nicht rund. Du könntest denken: "Ich bin einfach zu blöd dafür." Oder aber: "Das ist 'ne **Herausforderung**. Wenn ich richtig ranklotze, krieg ich das hin." So simple Sätze machen echt 'nen Unterschied.

Deine **Glaubenssätze**, also das, was du tief drinnen über dich denkst, beeinflussen auch diese Wachstumsmentalität. Glaubst du wirklich, dass du dich verbessern kannst? Oder denkst du insgeheim, deine Grenzen sind in Stein gemeißelt? Ein Weg, das zu ändern, ist durch positives Selbstgespräch – dir immer wieder einreden, dass du lernen und wachsen kannst.

Und jetzt kommt's: Studien zeigen, dass Änderungen in deinem Denken tatsächlich zu besseren **Ergebnissen** führen. Menschen mit 'ner Wachstumsmentalität erreichen öfter ihre Ziele und stecken Rückschläge besser weg.

Hand aufs Herz: Klingt das nicht wie 'ne Superkraft? Dir selbst immer wieder zu beweisen, dass du viel mehr drauf hast, als deine Zweifel dir einreden wollen? Das klappt nicht nur in der Schule oder im Job, sondern quasi überall – beim Sport, beim Kochen oder beim Gitarre lernen.

Wie setzt du das um? Ganz einfach – feuere dich an. Statt "Ich kann das nicht" sag lieber "Es ist zwar schwierig, aber mit Übung werd' ich besser." Feier kleine **Fortschritte** und denk dran, dass jeder Fehler 'ne Lektion ist.

Deine tägliche Einstellung macht viel aus. Probier's mal: Wann immer du merkst, dass du 'ne Herausforderung als unüberwindbar ansiehst, ändere deinen Blickwinkel. Frag dich: "Was kann ich daraus lernen? Wie kann ich diese Erfahrung nutzen, um beim nächsten Mal besser vorbereitet zu sein?"

So baust du dir 'ne solide Basis für mentale Stärke auf. Wenn du an die kleinen, aber stetigen Schritte glaubst, die dich vorwärts bringen, bist du auf dem richtigen **Weg**. Du hast den Schlüssel zur krassen Veränderung in der Hand. Probier's aus und schau zu, wie sich deine Sichtweise und vielleicht sogar dein ganzes Leben wandelt.

Zum Schluss

In diesem Kapitel hast du wichtige Konzepte zur Entwicklung **mentaler Stärke** kennengelernt. Du weißt jetzt, wie du **Herausforderungen** meistern und dich nicht so leicht aus der Ruhe bringen lässt. Mentale Stärke hilft dir, **konzentriert** zu bleiben und langfristige **Ziele** zu erreichen. Falls du mal zweifelst, denk daran, wie viel du gelernt hast.

Du hast gesehen, dass mentale Stärke die **Fähigkeit** ist, durch Schwierigkeiten hindurchzugehen und den Fokus unter Druck zu halten. Die vier Hauptkomponenten der mentalen Stärke sind Kontrolle, Engagement, Herausforderung und Vertrauen. Du hast auch den Zusammenhang zwischen mentaler Stärke und **Resilienz** bei der Verfolgung langfristiger Ziele verstanden.

Psychologische Resilienz ist deine Fähigkeit, dich anzupassen und von Rückschlägen zu erholen. Dabei spielen soziale Unterstützung und positive **Beziehungen** eine wichtige Rolle beim Aufbau deiner Widerstandsfähigkeit.

Bleib **zielstrebig** und erinnere dich an diese Lektionen. Sie werden dir nicht nur in der Schule, sondern auch im Alltag helfen. Wende an, was du gelernt hast, und du wirst erstaunt sein, wie stark du wirklich bist!

Kapitel 3: Schlechte Gewohnheiten erkennen und überwinden

Hast du jemals das Gefühl gehabt, in einem endlosen Kreislauf von schlechten Angewohnheiten gefangen zu sein? Du bist nicht allein. Dieser Moment, wenn du feststellst, dass du die gleichen schädlichen Dinge immer wieder tust – ist echt **frustrierend**, oder? Genau hier setzt unser Kapitel an. Ich erinnere mich daran, wie ich selbst die Augen geöffnet habe und erkannte, wie sehr meine täglichen **Gewohnheiten** mein Leben prägten.

In diesem Kapitel wirst du entdecken, wie du destruktive **Muster** erkennen kannst. Ja, das ist der erste Schritt – wahrnehmen, was uns runterzieht. Es gibt da dieses Ding namens "**Gewohnheitsschleife**": Signal, Routine und Belohnung. Klingt kompliziert? Ist es aber gar nicht. Stell dir vor, du durchbrichst diesen Zyklus und ersetzt negative Verhaltensweisen durch positive. Was für ein Unterschied, oder?

Du wirst nicht nur verstehen, wie man diesen Kreislauf durchbricht, sondern auch **Techniken** erlernen, um schlechte Gewohnheiten durch gute zu ersetzen. Spannend, nicht wahr? Und weißt du was? Es gibt sogar praktische Übungen, wie **Habit-Tracking** und Analyse, um dich dabei zu unterstützen.

Na, bereit für eine **Veränderung**? Deine bessere Version wartet in diesem Kapitel auf dich. Lass uns die alten Muster hinter uns lassen und einen neuen Weg einschlagen! Deine **Transformation** beginnt jetzt – bist du dabei?

Destruktive Muster erkennen

Also, was sind **destruktive Muster**? Das sind diese wiederkehrenden Verhaltensweisen, die irgendwie immer deinen **Fortschritt** bremsen und verhindern, dass du deine Ziele erreichst. Klar, du kennst das sicherlich: Immer den gleichen Mist wieder und wieder tun, obwohl du genau weißt, dass dir das letztlich schadet. Zum Beispiel dein **Handy** in die Hand zu nehmen, anstatt das zu erledigen, was wirklich wichtig ist. Oder jeden Morgen den Snooze-Button zu drücken, statt einfach aufzustehen und loszulegen.

Hier kommt das **Selbstbewusstsein** ins Spiel. Es ist super wichtig, dass du dir deiner schlechten Gewohnheiten und deren Auslöser bewusst wirst. Denn erst wenn du merkst, was genau schief läuft, kannst du etwas ändern. Stell dir vor, du siehst dich selbst so ein bisschen von der Seitenlinie aus – da erkennst du auf einmal Muster, die dir bislang gar nicht so ins Auge gefallen sind. Vielleicht ist da diese eine Person, die dich immer wieder negativ beeinflusst – oder es gibt bestimmte Situationen, in denen du anfängst, an deinen Nägeln zu kauen oder dich abzulenken.

Doch warum hältst du an schlechten **Gewohnheiten** fest? Eine große Rolle spielen da kognitive Verzerrungen. So passiert es bei „Alles-oder-Nichts-Denken", wenn du glaubst, dass ein kleiner Rückschlag bedeutet, dass alles vorbei ist. Oder beim sogenannten „Katastrophisieren", wo aus einem kleinen Missgeschick plötzlich eine riesige Katastrophe in deinem Kopf wird. Es gibt auch „Personalisierung": Du gibst dir die Schuld für Dinge, die gar nicht in deiner Macht standen. Verrückt, oder? Diese verzerrten Gedankenmuster machen es richtig schwer, schlechte Angewohnheiten loszulassen.

Eine typische kognitive Verzerrung ist auch das **„Bestätigungsfehler-Denken"**. Dinge selektiv wahrnehmen, die deine bestehenden Glaubenssätze bestätigen, während du alles andere ignorierst. Schon mal bemerkt, dass du zum Beispiel immer gute Gründe dafür findest, warum du heute keinen Sport machen kannst? Dein Gehirn baut dir da einen schicken Schutzwall aus Ausreden – nur damit du dich nicht ändern musst.

Selbst wenn du dir dessen bewusst bist, bringt das noch nicht automatisch eine Änderung. Aber der erste Schritt ist halt die Erkenntnis. Wie könnte das denn auch anders gehen, wenn du keine Ahnung hast, wann und warum du immer in die alte Gewohnheit zurückfällst? Fang einfach an, dich selbst zu beobachten, ohne zu urteilen – wie ein Detektiv in deinem eigenen Leben.

Kleine Geschichte aus meinem Leben: Da war ich, jeden Abend Serien gucken, bis mitten in die Nacht. Morgens dann wie gerädert – kein Wunder! Doch ich hab's lange Zeit nicht wirklich kapiert, bis ich mal aus Spaß ein sogenanntes „**Schlaf-Tagebuch**" geführt hab. Da wurde mir klar: Uh, mein TV-Konsum ist der Bösewicht hier. So hab ich's halt Stück für Stück geändert – und siehe da, mein Leben wurde easy going besser.

Übrigens, oft hilft es, deine eigenen Muster aufzuschreiben. Hört sich ein bisschen nerdy an, ich weiß. Aber, ehrlich, es funktioniert. Mal dir eine kleine Tabelle auf: „Auslöser", „Verhalten", „Resultat". Und zack, schon kommst du deinen destruktiven Mustern langsam auf die Spur.

Zusammengefasst: Bloß zu wissen, wann und warum sich was in deinem Leben wiederholt, lässt dich Muster überhaupt erst vertreiben. Da braucht's noch **Aktionen** – und 'ne ganze Portion Geduld. Also, zusammen Selbstbewusstsein aufbauen, doofe Gedankenmuster knacken und am Ball bleiben. Göttlich, wie gut sich das anfühlen kann, wenn's Kurve kriegt!

Die Gewohnheitsschleife: Auslöser, Routine, Belohnung

Kennst du die **Gewohnheitsschleife**? Das ist quasi das neuronale Muster, das deine **Gewohnheiten** formt und steuert. Klingt fancy, ist aber eigentlich ein simpler Prozess. Ich würd's so erklären: Ein **Auslöser** startet die Routine, und am Ende gibt's 'ne **Belohnung** dafür. Das Ganze läuft fast automatisch ab, wie das Zähneputzen am Morgen. Du denkst gar nicht mehr drüber nach, es macht einfach Klick.

Auslöser können echt verschiedene Dinge sein. Dein Wecker klingelt – das ist der Startschuss. Oder der stressige Arbeitstag, der dir Bock auf Süßkram macht. Solche kleinen Sachen lösen bestimmte Verhaltensweisen aus. Und manchmal checkst du's gar nicht bewusst.

Bei der Routine passiert die eigentliche **Handlung**. Mal gut, mal nicht so. Nehmen wir das Wecker-Beispiel: Er klingelt, und du haust nochmal drauf, um fünf Minuten länger zu dösen. Keine besonders geile Routine, oder? Aber genau so läuft's in der Gewohnheitsschleife. Du hast diese Snooze-Aktion mittlerweile voll drin, und sie wird zur Standard-Reaktion. Oder du greifst nach der Schoki, wenn's stressig wird – dein kleiner Trost, deine Mini-Auszeit.

Belohnungen ziehen immer. Kriegst du am Ende was, das dich happy macht? Na klar! Nach dem Stress die Schokolade – booyah! Sofort gibt's die Dopamin-Dusche! So laufen viele unserer Gewohnheiten ab. Wir sammeln all diese Mini-Happy-Moments, und unser Gehirn schaltet auf "Lass uns das öfter machen, fühlt sich gut an!" So verstärken sich diese Gewohnheiten.

Jetzt fragst du dich vielleicht, warum das alles so wichtig sein soll? Nun, wenn du echt deine schlechten Angewohnheiten loswerden willst, musst du erstmal checken, wie die ticken. Du musst verstehen, was dich aus dem Bett treibt oder in die Chips greifen lässt.

Hier ist der Trick: Nimm dir die Zeit, um genau diese Schleifen zu analysieren. Denk drüber nach, was der eigentliche Auslöser für dein Verhalten ist – so entdeckst du vielleicht, dass du immer abends vorm Fernseher zur Tüte greifst. Dieses Aha-Erlebnis – "Hey, das passiert ja immer, wenn ich mich langweile!" – ist der erste Schritt. Dann kannst du über neue Routinen nachdenken, die besser zu dir passen.

Am Ende läuft's darauf hinaus: Krieg den ganzen **Schleifenzyklus** auseinander und ersetz absichtlich die schlechten Routinen durch bessere. Und zwar so, dass die neuen Gewohnheiten echte Belohnungen bringen (die nicht auf der Hüfte landen oder am Konto zehren).

Ein Beispiel? Versuch's mal damit: Wenn du abends sonst Chips knabberst, schnapp dir 'ne Handvoll Nüsse oder mach ein kurzes **Workout** – fühlt sich gleich cooler an und ist langfristig besser. Deine Belohnung kann auch sein, dass du dich generell fitter und energiegeladener fühlst. Das checkt dein Hirn dann irgendwann auch, und schwupps... neue Schleife.

Bleib dran, und du wirst erstaunt sein, wie gut das klappt. Die Anpassung der Gewohnheitsschleife mag erstmal weird wirken, aber ist die wahre Kunst der **Selbstdisziplin**. Also – worauf wartest du? Lass die Schleifen tanzen!

Den Teufelskreis schlechter Gewohnheiten durchbrechen

Um schlechte **Gewohnheiten** wirklich loszuwerden, musst du ihnen erstmal den Wind aus den Segeln nehmen. Eine Habit-Loop, also Routine, findest du in deinem Alltag überall. Sie läuft nach einem bestimmten Muster ab: Es gibt einen **Auslöser**, dann folgt die Gewohnheit, und am Ende bekommst du eine **Belohnung**. Das Konzept, diese Routine zu durchbrechen, baut auf der Idee auf, einen Teil dieses Musters zu ändern. Nämlich die Handlung selbst. Wenn du die Routine unterbrichst, bist du auf einem guten Weg, dieses nervige Verhalten zu ändern.

Stell dir vor, jedes Mal wenn du **gestresst** bist, greifst du zu Süßigkeiten. Der Stress ist der Auslöser, und das Naschen die Gewohnheit. Zum Schluss bekommst du das Gefühl der Beruhigung als Belohnung. Stattdessen könntest du lernen, auf eine andere Art zu reagieren, wenn der Stress sich meldet. Zum Beispiel durch einen kleinen Spaziergang – und schon hast du was Positives aus dem Stress gemacht.

Warum ist das wichtig? Ganz einfach: Ohne diese Veränderung landest du einfach wieder da, wo du angefangen hast. Schlechte Angewohnheiten kommen wie ein Bumerang zurück. Wenn du etwas ändern willst, dann braucht es einen **Ersatz** für die alten Muster. Nur dann kannst du eine richtige Verhaltensänderung hinbekommen, die auch hält. Klar, das macht erstmal Mühe, aber am Ende wirst du dich abgewöhnen, was dich nicht weiterbringt und stattdessen was Besseres dafür einführen.

Positive **Alternativen** sind da echt der Schlüssel. Denn einfach nur aufhören funktioniert oft nicht so wie geplant. Schnapp dir ein paar einfache Gym-Übungen, um den Stress abzubauen statt den Schokoriegel zu futtern. Immer wenn du gelangweilt bist, greif statt zur Zigarette eben zum Telefon und quatsch kurz mit einem Freund. Diese kleinen Änderungen können eine große Wirkung haben. So musst du nicht komplett auf was verzichten und merkst, dass sich der Aufwand lohnt. Resultat: Du baust dir Schritt für Schritt ein neues, gesünderes Verhalten auf.

Aber was ist, wenn du mal **rückfällig** wirst? Keine Angst, gehört dazu und ist total normal. Da kommt Selbstmitgefühl ins Spiel. Stress dich nicht zu sehr, das bringt niemandem was. Rückschläge passieren, und es ist okay, wenn's nicht gleich perfekt läuft. Zeig dir selbst einen Moment Verständnis wie bei einem alten Freund. Das nimmt den Druck. Du machst weiter und steigerst dich.

Rückschläge sind kein Grund, gleich alles hinzuschmeißen. Am Ende zählt nämlich nicht, wie oft du fällst – sondern, dass du wieder aufstehst. Immer wieder.

Sei also gut zu dir selbst und erkenne an, dass **Veränderung** dauert. Fehltritte sind kein Versagen, sie sind Teil des Prozesses. Denk daran, du warst gestern auch nicht sofort der nächste Bruce Lee nach der ersten Karate-Stunde. Gib dir die Zeit, die du brauchst. Und jedes Mal, wenn du's besser machst, gibt's ein kleines bisschen Belohnung, so dass du weiter Lust hast, durchzuhalten und deine Ziele zu erreichen.

Bad Habits loszuwerden ist ne Reise, die halt mal auf und ab geht. Mit dem Konzept der **Unterbrechung** baust du sicher ne Menge Kraft auf, um die Sache in den Griff zu bekommen. Füllst die neuen Lücken mit guten Alternativen und bleibst geduldig und nett zu dir bei jedem Schritt. Trau dir einfach da noch n bisschen Vertrauen zu und leg los!

Negative Verhaltensweisen durch positive ersetzen

Das Konzept der **Gewohnheitsersetzung** ist echt super, wenn du schlechte Gewohnheiten loswerden willst. Statt einfach aufzuhören, nimmst du 'ne andere, positive Gewohnheit an. Angenommen, du möchtest weniger **fernsehen** und mehr lesen. Anstatt direkt zu sagen, dass du mit dem TV-Glotzen aufhörst, planst du bewusst jeden Abend 'ne halbe Stunde fürs Lesen ein. Das Tolle daran? Du ersetzt 'ne miese Zeit mit was Gutem.

Manchmal passt 'ne Gewohnheit aber nicht wirklich zu dem, was du im Leben erreichen willst. Da kommt's drauf an, was dir eigentlich wichtig ist. Wenn du langfristige **Ziele** hast, wie gesünder zu leben oder 'ne neue Fähigkeit zu lernen, hilft's, neue Gewohnheiten damit abzugleichen. Jemand, der fit und gesund sein will, könnte z.B.

anfangen, regelmäßig joggen zu gehen. So 'ne Gewohnheit kann echt **motivieren**, weil sie genau in dein großes Bild passt. Und mal ehrlich – wer ist nicht gern auf dem richtigen Weg?

Die **Umgebung** spielt auch 'ne riesige Rolle bei neuen Gewohnheiten. Stell dir vor, du willst aufhören, dauernd auf deinem Handy rumzudaddeln. Aber wenn dein Handy immer neben dir liegt, wird's schwierig. Mach's dir also leichter: Leg das Ding weg und such dir 'nen festen Platz, wo's nicht ständig griffbereit ist. So schaffst du dir 'nen Raum, der weniger Ablenkung bietet.

Aber nicht nur negativen Umwelteinflüssen entgegenzuwirken ist wichtig. Du kannst dir auch 'ne Umgebung schaffen, die positive Gewohnheiten unterstützt. Überleg mal: Du willst mehr **Wasser** trinken? Stell dir immer 'ne Flasche Wasser in Sichtweite. Du wirst dich wundern, wie oft du dann plötzlich einen Schluck nimmst, nur weil's so leicht zugänglich ist.

Was auch echt hilft, ist, kleine, erreichbare Schritte zu planen. Versuch nicht, gleich riesige Änderungen auf einmal umzusetzen. Das kann manchmal überwältigend sein und du landest schneller wieder in alten Mustern, als du "Selbstdisziplin" sagen kannst. Fang klein an. Willst du weniger Zucker essen? Fang doch einfach mit einem zuckerfreien Tag pro Woche an. Wenn das dann klappt, kannst du weitere Tage dranhängen.

Mir ist es auch schon oft so gegangen, dass ich's lieber vermieden hab, an die Konsequenzen meiner schlechten Angewohnheiten zu denken. Aber das Aufschieben hilft nicht weiter. Sich regelmäßig bewusst zu machen, warum man überhaupt was ändern will, **boostet** die Motivation ungemein.

Noch was: Gute Gewohnheiten können richtig Spaß machen, wenn du sie mit **Belohnungen** verknüpfst. Hast du deine Leseeinheit erfolgreich geschafft? Gönn dir 'ne kurze entspannte Zeit auf'm Balkon oder 'ne kleine Lieblingssnack-Pause. Diese kleinen

Anreize machen's einfach schöner, dranzubleiben – und bevor du's merkst, wird die neue Gewohnheit zur zweiten Natur.

Na, wie sieht's bei dir aus? Vielleicht hast du ein paar Ideen oder Pläne im Kopf, wie du deine alten schädlichen Angewohnheiten durch neue, positive ersetzen kannst. Falls ja, probier's doch mal aus und schau, wie gut das für dich **funktioniert**. Die Belohnung wird's jedenfalls ziemlich sicher wert sein.

Praktische Übung: Gewohnheits-Tracking und -Analyse

Na, dann lass uns mal loslegen! Zuerst **identifizierst** du eine negative Gewohnheit, die du ändern möchtest. Das kann wirklich alles sein – vielleicht naschst du zu viel nach dem Abendessen oder hängst ständig an deinem Handy. Überleg mal, was dir öfter im Weg steht und frag dich: "Ist das was?" Hast du's? Super, weiter geht's!

Als Nächstes **beobachtest** du diese Gewohnheit eine Woche lang. Schnapp dir ein kleines Notizbuch oder dein Handy und notier jedes Mal, wenn du der Gewohnheit nachgehst: Uhrzeit, Ort und wie du dich fühlst. Ist es draußen grau und du bist gelangweilt? Oder brauchst du mittags einen Energiekick? Diese kleinen Details sind echt wichtig!

Jetzt wird's spannend: Du **analysierst** deine Notizen. Gibt's da ein Muster? Taucht immer die gleiche Tageszeit auf? Derselbe Ort? Ähnliche Gefühle? Du bist quasi Detektiv und suchst nach Hinweisen, wann und warum die blöde Angewohnheit auftaucht.

Dann **ergründest** du das Bedürfnis hinter der Gewohnheit. Was bringt sie dir eigentlich? Entspannung? Ablenkung? Oft steckt hinter jeder Gewohnheit ein tieferes Bedürfnis. Du isst ja nicht einfach so Schokolade – vielleicht beruhigt sie dich oder gibt dir Energie. Geh in dich und finde heraus, was du wirklich suchst.

Jetzt wird's kreativ: Du **überlegst** dir positive Alternativen. Was könnte dasselbe Bedürfnis erfüllen, ist aber besser für dich? Vielleicht 'ne heiße Tasse Tee statt Schokoriegel? Oder 'n kurzer Spaziergang statt Handyscrollen? Wichtig ist, dass es dir Spaß macht!

Dann **erstellst** du einen Aktionsplan. Du hast deine Alternative – klasse! Jetzt plan, wann und wie du sie umsetzt. Setz dir realistische Ziele. Wenn deine Angewohnheit abends auftritt, plan die neue Aktion für diese Zeit ein. Mach's konkret und machbar.

Zum Schluss **überwachst** du deinen Fortschritt im nächsten Monat. Kein Stress, wenn's mal nicht klappt – völlig normal! Beobachte dich einfach. Läuft's gut? Prima, bleib dran! Wenn nicht, überleg, was du ändern könntest und justier deinen Plan ein bisschen nach.

So, jetzt bist du gut gerüstet, um deine schlechte Angewohnheit auszutricksen. Hab Geduld mit dir und geh's Schritt für Schritt an. Manchmal macht schon 'ne kleine Änderung 'nen großen Unterschied!

Zum Schluss

In diesem Kapitel hast du viel über das **Erkennen** und **Überwinden** schlechter Angewohnheiten gelernt. Wir haben wichtige Konzepte und Methoden unter die Lupe genommen, die dir helfen können, negative Muster zu durchbrechen und dein **Verhalten** nachhaltig zu ändern. Lass uns die Hauptpunkte noch einmal Revue passieren:

Du hast gesehen, wie sich destruktive Muster durch **Selbstbewusstsein** und das Erkennen von Auslösern entschlüsseln lassen. Wir haben die „Habit Loop" – Auslösereiz, Routine, Belohnung – unter die Lupe genommen und warum sie so mächtig ist. Du hast gelernt, dass unterbrochene **Verhaltensmuster** der Schlüssel zum Brechen schlechter Angewohnheiten sind.

Außerdem haben wir besprochen, wie wichtig es ist, schlechte **Angewohnheiten** durch positive Alternativen zu ersetzen. Schließlich hast du eine praktische Methode zum Habit-Tracking kennengelernt, um dauerhafte **Veränderungen** zu erzielen.

Zum Abschluss möchte ich dich ermutigen, das Gelernte im Alltag umzusetzen. Nutze das **Wissen** aus diesem Kapitel, um deine destruktiven Muster zu erkennen und erste Schritte zu unternehmen, diese zu ändern. Denn nur durch kleine, aber stetige Schritte kannst du dein Leben positiv gestalten und deine **Ziele** erreichen. Dein zukünftiges Ich wird es dir danken! Viel Erfolg!

Kapitel 4: Versuchungen effektiv widerstehen

Ist dir schon mal aufgefallen, dass **Versuchungen** uns oft im ungünstigsten Moment überrumpeln? Als ich dieses Kapitel schrieb, wurde ich ständig von meinem **Verlangen** nach Schokolade abgelenkt. Du kennst das bestimmt - dieses Gefühl, dass du einfach nicht widerstehen kannst. Keine Sorge, du bist damit nicht allein. Versuchungen lauern überall, aber lass dich davon nicht aus der Ruhe bringen.

In diesem Kapitel zeige ich dir **Techniken**, die dich, wie ich glaube, stärker machen werden. Es geht darum zu verstehen, warum Versuchungen so **verlockend** sind. Und ehe du dich versiehst, wirst du besser darin sein, deinen Impulsen zu widerstehen. Klingt das spannend? Das ist es auch!

Wir werden uns damit beschäftigen, wie du durchhalten kannst, wenn du sofortige **Belohnung** im Tausch gegen langfristige Ziele bekommst. Außerdem erfährst du, wie du dein **Umfeld** gezielt gestaltest, um Versuchungen besser zu widerstehen. Zum Schluss gibt's noch eine praktische **Übung**, die dir Möglichkeiten aufzeigt, in echten Situationen klarzukommen. Komm, begleite mich und entfalte deine versteckten Kräfte der **Selbstkontrolle**! Glaub mir, du kannst das wirklich lernen.

Das Wesen der Versuchungen verstehen

Hey, weißt du eigentlich, wie **Versuchungen** funktionieren und deine **Entscheidungen** beeinflussen? Diese Dinge haben tiefe Wurzeln in deinem Gehirn und greifen auf psychologische Mechanismen zurück. Dein Kopf spielt da ziemlich clever mit dir.

Also, es läuft so: Dein **Gehirn** steht ständig im Wettbewerb zwischen dem, was du jetzt willst, und dem, was auf lange Sicht besser für dich ist. Dieser Konflikt ist uralt und ein weiterer Trick der Natur, um dich ständig auf Trab zu halten. Aber keine Sorge, du machst das schon seit Jahren und lernst es irgendwie zu meistern.

Ein Faktor, der hier eine große Rolle spielt, ist **Dopamin**, dieses winzige Molekül, das dafür sorgt, dass du dich gut fühlst. Stell dir vor, du siehst deinen Lieblingssnack. Sofort schüttet dein Gehirn Dopamin aus und sagt dir, dass du den Keks JETZT haben musst. Knifflig, oder?

Dopamin macht lauter kleine Dinge im Leben aufregender. Es lässt dich Schokolade essen, auch wenn du eine Diät machen möchtest, oder die Snooze-Taste drücken, obwohl du mehr Schlaf holen solltest. Das ist kein Zufall – es ist so gestaltet, um dich ständig zu befriedigen. Gut für deine Laune, schlecht für deinen Willen.

Kommen wir zu persönlichen **Auslösern** und Verwundbarkeiten. Jeder Mensch hat so seine Schwachstellen. Manche können an nichts Süßem vorbeigehen, andere haben ein Faible für Überstunden auf Netflix. Es ist wichtig, dass du rausfindest, was deine Schwachstellen sind.

Denk mal nach – wann fällst du schnell deinen Versuchungen zum Opfer? Ist es am Ende eines langen Tages, wenn du müde bist und dir was Schönes gönnen willst? Oder ist es am Wochenende, wenn die Versuchung so groß ist, bis spät in die Nacht fernzusehen statt produktiv zu sein? Dies sind **Muster**, die du erkennen musst.

Um das herauszufinden, kannst du ein kleines **Tagebuch** führen und alle Momente aufschreiben, in denen du der Versuchung nachgibst. Du wirst feststellen, dass es Wiederholungen und bestimmte Zeiten im Tag gibt, wo du besonders anfällig bist. Ein paar Tage Beobachtung und schon hast du deine persönlichen Schwachstellen gefunden.

So, was machst du jetzt damit? Durch das Bewusstsein dieser Muster bist du besser ausgerüstet, ihnen entgegenzuwirken. Vielleicht beschließt du, die Snacks nicht in der Küche aufzubewahren oder abends einen Spaziergang zu machen, statt zur Fernbedienung zu greifen. Das sind einfache, aber effektive Methoden, um die Versuchungen zu umgehen.

Verständnis schaffen, wie dein eigenes Gehirn funktioniert und wann es am anfälligsten ist, kann dir wirklich helfen, bessere Entscheidungen zu treffen. Es ist fast wie ein Spiel mit schmalen Regeln; der einzige Unterschied ist, du kannst die Regeln lernen und dann deinen Kopf austricksen. Klar, es ist eine Herausforderung, aber absolut machbar.

Strategien zur Impulskontrolle

Also, du kennst das bestimmt: Du stehst vor einer **Schokoladentafel**, obwohl du abnehmen willst, und plötzlich ist die halbe Tafel weg. **Impulse** kontrollieren klingt oft schwieriger, als es ist. Ein cleverer Trick dabei ist, Implementierungsabsichten zu nutzen. Stell dir das so vor: Statt einfach zu denken „Ich darf keine Schokolade essen", sagst du dir „Wenn ich Lust auf Schokolade habe, greife ich stattdessen zu einem Apfel." Diese „Wenn-dann"-Sätze sind super effektiv, weil sie deinem **Gehirn** helfen, automatisch zu einer gesünderen Entscheidung zu kommen. Bald greifst du wirklich lieber zu einem Apfel, ohne groß drüber nachzudenken.

Aber warum funktioniert das so gut? Das hat viel mit **Selbstbewusstsein** zu tun. Du musst verstehen, was genau dein Auslöser für Impulsverhalten ist. Wenn du dich besser kennst, fängst du an, Muster in deinem Verhalten zu erkennen. Zum Beispiel merkst du vielleicht, dass du immer, wenn du gestresst bist, zum Kühlschrank rennst. Dieses frühzeitige Erkennen hilft dir, schneller und besser auf die Impulse zu reagieren.

Eine weitere nützliche Technik ist das sogenannte „**Drang-Surfen**". Klingt irgendwie witzig, oder? Dabei stellst du dir den Impuls wie eine Welle vor – am Anfang baut sie sich langsam auf, wird immer stärker, bis sie schließlich ihren Höhepunkt erreicht und dann wieder abflaut. Die Idee ist, dass du auf dieser „Welle" reitest, ohne ihr nachzugeben. Wenn du den Drang merkst, stoppst du einen Moment und beobachtest ihn, anstatt sofort zu handeln. Du sagst dir sowas wie: „Okay, ich merke, dass ich Lust auf Schokolade habe, aber ich spüre nur den Drang und lasse ihn vorbeiziehen." Faszinierend, wie das etwa fünf bis zehn Minuten reichen kann, und du deshalb nicht zum Akteur der **Versuchung** wirst.

Selbstbewusstsein und Entscheidungsstrategien sind der Schlüssel, aber was, wenn du dich einfach nicht zurückhalten kannst? Dann sind radikale **Ablenkungsmanöver** gefragt. Zum Beispiel kannst du Sport treiben oder dich auf ein Hobby konzentrieren. Hauptsache weg von dem, was dich in Versuchung führt.

Zusammengefasst gibt's ein paar grundsätzliche Taktiken:

• Implementierungsabsichten: Formuliere „Wenn-dann"-Sätze.

• Selbstbewusstsein: Verstehe, wann und warum die Impulse kommen.

• Drang-Surfen: Beobachte den Impuls, führe ihn aber nicht aus.

• Ablenkung: Tu etwas, das dich vom Impuls wegführt.

Welche Methode du auch wählst, das Kernelement ist **Mindfulness** bzw. Achtsamkeit. Bleib achtsam, bemerke deine Gedanken und Entscheidungen bewusst, und du schaffst es, den Drang zu steuern, statt kontrolliert zu werden.

Was hat dir am besten an diesen Strategien gefallen? Probier sie doch mal aus und schau, welche für dich funktioniert.

Techniken für aufgeschobene Belohnung

Das Konzept der zeitlichen **Abwertung** klingt kompliziert, ist aber eigentlich einfach. Es bedeutet, dass du eher geneigt bist, einen kleinen Lohn jetzt zu wollen, anstatt auf einen größeren Lohn später zu warten. Zum Beispiel: Du bevorzugst vielleicht ein Stück **Kuchen** jetzt, anstatt auf eine fittere Version von dir in der Zukunft zu warten. Es ist wie eine Uhr in deinem Kopf, die sagt: "Jetzt ist besser als später." Aber das kann dich auch dazu bringen, schlechte Entscheidungen zu treffen.

Wie gestaltest du sofortige **Belohnungen** im Hinblick auf langfristige Konsequenzen neu? Denk einfach mal daran, dass jede kleinere Versuchung, der du nachgibst, auf lange Sicht negative Auswirkungen hat. Was wäre, wenn du dir den Kuchen nicht als bloßen Bissen Freude vorstellst, sondern als Blockade zu deinem langfristigen Ziel? Stell dir das Essen dieses Kuchens als zukünftiges Problem vor – vielleicht ein schmerzlicher Arztbesuch oder mehr Arbeit, um fit zu werden. Dies kann dabei helfen, die Anziehungskraft der sofortigen Belohnung zu mindern.

Dann gibt's die Vorstellung von deinem "**Zukunfts-Ich**". Das ist wie eine Reise in die Zukunft – halte dir einfach dein zukünftiges Ich in einem fitteren Körper vor Augen, es kann ein echter Ansporn sein. Denk doch einfach mal an dich selbst in einigen Jahren – fitter, gesünder und glücklicher, weil du der kleinen **Versuchung** im Moment widerstanden hast. Visualisierung funktioniert, weil unser Gehirn reale Erfahrungen und intensive Vorstellungen nicht gut unterscheiden kann. Mal dir dein bestes Selbst in lebhaften Details aus – was würdest du tragen, wie würden sich Dinge besser anfühlen, was wärst du in der Lage zu tun und leichter zu erreichen?

Warum das Ganze? Es ist wie eine Brücke in die Zukunft, die du selbst baust. Du müsstest das Ding Stahl für Stahl aufbauen, und jede Entscheidung gegen die jetzige Versuchung fügt einen neuen Träger hinzu – was deine Brücke stabiler und direkter macht.

Noch ein kleiner Tipp: Versuche eine konkrete **Visionstafel** zu erstellen. So seltsam es klingt, aber Bilder von deinem Wunschkörper oder Karrierezielen irgendwo auf deinem Schreibtisch können Wunder bewirken. Schau dir die Sachen jeden Tag kurz an – das schafft Begeisterung und **Disziplin**.

Sei also der Baumeister, denk an die Zukunft und visualisiere. Schaff die Verbindungen in deinem Kopf, um gegen diese momentanen Versuchungen anzukämpfen. Und bald wirst du nette **Fortschritte** machen, ohne dauernd nach dem Kuchen oder noch Schlimmerem zu greifen.

Das war's – mach weiter so und sei trotzdem nicht zu hart zu dir selbst – ein kleiner Fehler ist kein Weltuntergang.

Umweltgestaltung für Versuchungsresistenz

Das Konzept der **Wahlarchitektur** ist echt spannend. Stell dir vor, du weißt genau, wo und wie du deine Optionen platzierst, um ungesunde Gewohnheiten zu umgehen und gesunde Entscheidungen zu fördern. Klingt erstmal kompliziert, ist aber einfacher, als du denkst. Es geht darum, dein Umfeld so einzurichten, dass dich **Versuchungen** gar nicht erst so stark packen.

Ein **Trick**, den du nutzen kannst, heißt "aus den Augen, aus dem Sinn". Stell dir vor, deine Küche wäre ein Minenfeld voller Süßigkeiten. Was passiert wohl? Du greifst ständig zu. Aber was, wenn du diese Leckereien einfach im Schrank verstaust oder gar nicht erst einkaufst? Genau, die Versuchung sinkt enorm.

Geh noch einen Schritt weiter. Du kannst das nicht nur physisch, sondern auch digital anwenden. Denk an dein **Handy**. Wie oft hast du schon auf unnötige Benachrichtigungen geklickt, einfach weil sie auf dem Bildschirm aufpoppen? Wenn du diese Benachrichtigungen ausschaltest, reduzierst du die Wahrscheinlichkeit gleich erheblich.

Auch dein **Schreibtisch** oder Arbeitsplatz sollte nicht zu chaotisch sein. Zu viele Ablenkungen bedeuten auch hier mehr Versuchung zum Abgelenktwerden. Also: klare Sache – Ordnung hilft.

Es ist auch wichtig, deine Leute ins Boot zu holen. Wenn du versuchst, weniger zu snacken, sollten deine Mitbewohner oder Familie dieses Vorhaben unterstützen. Wenn sie weiterhin haufenweise Chips bunkern, wird's doppelt schwer für dich!

Machen wir uns nichts vor, **Versuchungen** wird es immer geben. Aber je strategischer du dein Umfeld gestaltest, desto weniger müssen diese dich stören. Nutze das Prinzip "aus den Augen, aus dem Sinn" für deine heiß geliebten Snacks. Leg dein Handy außer Reichweite oder schalt störende Apps aus. Klarheit schaffen, sowohl physisch als auch digital – das ist der Schlüssel.

Lenken wir nun den Fokus auf noch ein wichtiges Element: die „No-Go-Zonen". In einigen Bereichen deines Zuhauses oder Arbeitsplatzes sollten bestimmte Aktivitäten tabu sein, um besser diszipliniert zu bleiben. Beispiel? Das **Bett** ist nur zum Schlafen da. Schul- und Arbeitskram hat im Schlafzimmer nichts zu suchen. So hältst du am besten den Stress aus deinen Ruhephasen fern.

Auch Hauptattraktivmacher für Versuchungen: **Langeweile**. Plan genau, was du in deinen Pausen machst. So kommst du nicht in Versuchung – lange Leerlaufphasen bringen nichts Gutes.

Es hilft echt, dein Umfeld nicht nur umzugestalten, sondern kontinuierlich zu überprüfen. Was gestern half, könnte morgen nicht mehr so effektiv sein. Also, bleib flexibel.

Du siehst, es bedarf kreativer **Strategien**, um Versuchungen Respekt zu lehren. Es geht um kleine sowie einfache Veränderungen in deiner Umwelt – dem Zuhause, dem Arbeitsplatz und auch online. So werden deine selbstdisziplinierten Bemühungen deutlich stärker.

Praktische Übung: Konfrontation mit Versuchungen und Reaktionsverhinderung

Du möchtest also lernen, wie du **Versuchungen** besser widerstehen kannst? Lass uns direkt loslegen. Zuallererst musst du eine bestimmte Versuchung identifizieren, der du widerstehen willst. Ist es die **Schokolade**, die dich nach dem Abendessen lockt? Oder vielleicht bist du jemand, der seine Freizeit ständig mit Smartphone-Spielen verschwendet? Schreib's dir auf. Je konkreter, desto besser.

Als Nächstes schaffst du eine kontrollierte **Umgebung**, in der du dich dieser Versuchung aussetzt. Stell dir vor, du willst dem Drang widerstehen, ständig auf dein Smartphone zu schauen. Setz dich in einen Raum mit deinem Handy vor dir. Aber diesmal wird's nicht so einfach sein, einfach danach zu greifen.

Jetzt übst du dich in achtsamer **Beobachtung** deiner Gedanken und körperlichen Empfindungen, ohne darauf zu reagieren. Du wirst ein Kribbeln in den Fingern spüren. Vielleicht wirst du unruhig.

Beobachte einfach, was in deinem Kopf und Körper passiert, ohne sofort zu handeln. Tauch ein bisschen tiefer in diese Empfindungen ein.

Wenn die Dränge zu stark werden, nutzt du tiefes **Atmen** oder Ablenkungstechniken. Tiefe Atemzüge rein und raus. Oder vielleicht kurz aufstehen und sich strecken. Das hilft dir, die Kontrolle zurückzugewinnen, statt deiner Versuchung nachzugeben.

Besonders wichtig ist, dass du schrittweise die **Expositionszeit** in den folgenden Sitzungen erhöhst. Hast du es beim letzten Mal nur fünf Minuten geschafft, dich nicht vom Handy ablenken zu lassen? Versuch beim nächsten Mal zehn. Immer ein bisschen mehr, bis es dir immer leichter fällt.

Nicht zu vergessen: Notiere deine **Erfahrungen** und Strategien, die am besten für dich funktioniert haben. Führ ein kleines Tagebuch oder eine Liste. Was hat geholfen, was nicht so sehr?

Zuletzt reflektierst du über deinen **Fortschritt** und passt deinen Ansatz nach Bedarf an. Hast du das Ziel erreicht oder brauchen einige Taktiken noch Feintuning? Mach dir Gedanken, was besser laufen könnte, und sei ehrlich zu dir selbst.

Lass mich dir eine persönliche Geschichte erzählen. Als ich damals versucht habe, mein Kaffeetrinken zu reduzieren, habe ich mir so eine schrittweise Exposition vorgenommen. Schwer fiel's mir zu Beginn. Jede Pause ein riesiges Verlangen nach diesem Wachmacher. Mit der Zeit wurde es einfacher. Atemübungen haben viel gebracht. Und siehe da, irgendwann war der Griff zur Kaffeetasse nicht mehr ständig nötig.

So läuft's ab. Jeder neue Abschnitt dieser Übung hilft dir, besser mit deinen Versuchungen umzugehen. Probier's mal aus. Beobachte dich selbst. Atme tief durch. Schließlich liegt der Schlüssel zur **Selbstdisziplin** oft in den kleinsten, täglich betrachteten Momenten.

Zusammenfassung

In diesem Kapitel hast du **wichtige** Techniken und Strategien zur effektiven **Widerstandsfähigkeit** gegen Versuchungen kennengelernt. Diese Tools sind entscheidend für das Meistern deiner Impulse und für das Erreichen deiner langfristigen **Ziele**.

Du hast erfahren, warum Versuchungen so **mächtig** sind und wie sie auf dein Gehirn wirken. Dabei spielen biochemische Mechanismen eine Rolle, besonders die Wirkung des Dopamins. Du hast gelernt, wie du persönliche **Auslöser** von Versuchungen erkennst und wie wichtig Selbstbewusstsein ist, um impulsive Reaktionen frühzeitig zu bemerken.

Das Kapitel hat dir auch **Techniken** beigebracht, um der Verlockung zu widerstehen, wie das sogenannte "urge surfing" und Zielszenarien. Mit diesen Methoden kannst du deine **Impulse** besser kontrollieren und deine Ziele erfolgreich verfolgen.

Die Bewältigung von Versuchungen braucht Übung und Geduld, aber die vorgestellten Methoden geben dir konkrete Werkzeuge an die Hand. Jede bewältigte Versuchung macht dich **stärker** und selbstbewusster. Nutze das Gelernte und wende es praktisch an – du hast jetzt das Wissen, das dich zum Erfolg führt. Also ran an die Sache und zeig den Versuchungen, wer der Boss ist!

Kapitel 5: Zielsetzung und Zielerreichung

Kannst du dich erinnern, als du mal eine **Herausforderung** hattest und nicht wusstest, wo du anfangen sollst? In diesem Kapitel zeige ich dir **Werkzeuge**, die deine Einstellung ändern könnten. Du wirst entdecken, wie klar formulierte **Ziele** dir den nötigen Antrieb geben, einen Unterschied in deinem Leben zu machen.

Während ich dich durch die Grundlagen der SMART-Ziele führe, wirst du merken, wie sich dabei alles so logisch und greifbar anfühlt. Du lernst, wie wichtig es ist, deine Ziele mit deinen eigenen **Werten** abzustimmen. Denn nur so bleiben sie nicht nur wichtig, sondern auch erreichbar.

Stell dir vor, du hast ein großes, weit entferntes **Ziel**. Keine Sorge, ich helfe dir, das Ganze in kleinere, machbare Schritte zu unterteilen. Damit wird nichts mehr so überwältigend wirken – wie die erste Etappe im Marathon, den du laufen willst.

Natürlich gibt es auch **Hindernisse**, die dir in den Weg kommen. Aber rate mal – du wirst einige bewährte Techniken kennenlernen, um diese zu überwinden.

Am Ende wartet noch eine praktische **Übung** auf dich: einen persönlichen Zielen-Fahrplan erstellen. Gar kein Hexenwerk. Schnapp dir deine Stifte, denn jetzt wird's spannend! Lass uns zusammen einen gangbaren **Weg** legen.

SMART-Ziel-Rahmenkonzept

Es geht einfach nicht ohne ein klares, **spezifisches** Ziel. Wenn du genau weißt, worauf du hinarbeitest, wird alles einfach klarer. Spezifität ist der Schlüssel. Keine Allgemeinplätze wie "Ich will fitter werden." Nee, es ist viel besser zu sagen: "Ich will dreimal pro Woche ins **Fitnessstudio** gehen." Genau so.

Aber warum überhaupt diese Präzision? Hier ein einfaches Beispiel: Stell dir vor, du hast eine Landkarte und ein Ziel, aber keine genaue Adresse. Wie schwer wäre es da, den richtigen Weg zu finden? Genau! Nur mit einer klaren Richtung hast du genug **Motivation**, um durchzuhalten. Es ist, als würdest du einen dunklen Raum plötzlich mit einem hellen Licht erleuchten. Auf einmal siehst du den Weg vor dir.

Jetzt fragst du dich, wie du das alles im Blick behältst? Messbare Ziele sind der Trick. Es bringt nichts, wenn du deine **Fortschritte** nicht sehen kannst. Da fehlt dann einfach der Antrieb. Zum Beispiel, statt "mehr Wasser trinken" sagst du "zwei Liter Wasser pro Tag trinken". Messbarkeit – das hilft. Du kannst verfolgen, wie viel du getrunken hast und ob du noch mehr trinken musst. Gerade in der heutigen, schnelllebigen Welt vergisst man leicht das Ziel, wenn man die Fortschritte nicht messen kann.

Außerdem hilft dir das Messen dabei, den Schwung aufrechtzuerhalten. So bleibst du motiviert, weil selbst kleinste Fortschritte sichtbar werden. Und seien wir mal ehrlich, das Gefühl, dein Ziel Stück für Stück zu erreichen – das ist einfach grandios! Dieser kleine Schub kann dir helfen, auch länger durchzuhalten.

Doch Spezifität und Messbarkeit reichen nicht allein. Es muss alles machbar und zeitlich konkret sein. Und hier kommt die "**Rückwärtsplanung**"-Technik ins Spiel. Aber keine Sorge, das klingt komplizierter als es ist. Stell dir einen Berg vor, den du erklimmen willst. Statt einfach loszumarschieren, stellst du dir dein Endziel vor, zum Gipfel zu kommen, und arbeitest von dort rückwärts. So kannst du sicherstellen, dass jeder Zwischenstopp machbar ist und in deinem Zeitplan liegt. Jeden kleinen Schritt planst du also rückblickend. Oben auf dem Berg anzukommen ist dein Hauptziel, und dann setzt du kleine Etappen, die dir den Weg erleichtern.

Denk einfach so: Du hast eine **Hochzeit** in sechs Monaten und möchtest ein bestimmtes Kleid tragen. Statt jeden Monat willkürlich abgestumpft zu planen, setzt du dir kleine, erreichbare Wochenziele. Vielleicht startest du mit "drei Kilo im ersten Monat abnehmen". Solche kleinen Abschnittziele machen es leichter, am Ball zu bleiben und sorgen dafür, dass du die große Aufgabe nicht aus den Augen verlierst.

Und so kombinieren sich Klarheit, Messbarkeit und realistische Planung zu einem soliden Plan. Es sind die kleinen, durchschaubaren Schritte, die zu greifbaren Erfolgen führen. Dadurch bleibt alles schaffbar und motivierend. Wenn du das SMART-Ziel-Rahmenkonzept verinnerlichst und anwendest, wirst du deine selbst gesetzten Ziele erreichen, ohne unterwegs frustriert aufzugeben.

Also, gib deinem Ziel die nötige Spezifität, mach es messbar und plane es mit Bedacht. Durch diese Techniken kannst du deine Ziele nicht nur setzen, sondern auch unbedingt erreichen. Fang einfach an und sieh, wohin die Reise dich führt – Schritt für Schritt.

Denn am Ende zählt jeder kleine Erfolg auf deiner gesamten Reise. So machen diese kleinen Etappen irgendwann den großen, greifbaren **Erfolg** aus.

Ziele mit persönlichen Werten in Einklang bringen

Manchmal fühlst du dich beim Streben nach einem **Ziel** wie bei einem Hürdenlauf. Fragst du dich, warum das so ist? Die Antwort könnte einfacher sein, als du denkst: Deine Ziele stimmen vielleicht nicht wirklich mit deinen **Werten** überein.

Versteh zuerst das Konzept der wertebasierten Zielsetzung. Es geht darum, dir Ziele zu setzen, die direkt mit deinen Kernwerten verbunden sind. Wenn du ein Ziel hast, das total losgelöst von dem ist, was dir wirklich wichtig ist, verliert es schnell seine Anziehungskraft. Einfach gesagt: Das innere Feuer fehlt dann. Dasselbe Ziel, aber durch die Linse deiner Werte betrachtet, kann plötzlich viel bedeutender und motivierender wirken.

Denk mal drüber nach. Wenn dein Wert "Gesundheit" ist, würdest du wohl kaum **Motivation** für ein Ziel finden, das komplette Fokussierung auf die Karriere fordert und dabei Schlaf und Ernährung vernachlässigt. Aber ein Ziel, das Gesundheit und Karriere in Balance bringt, würde viel mehr Sinn ergeben, oder? Das macht diese Methode so kraftvoll - sie verstärkt die intrinsische Motivation, denn du arbeitest dann mit deinem inneren Kompass und nicht dagegen.

Für eine persönliche Wertebewertung brauchst du kein kompliziertes Zeug. Schnapp dir einfach ein Notizbuch oder einen Zettel. Schreib spontan die Dinge auf, die dir am meisten bedeuten. Vielleicht sind es fünf oder zehn Sachen. Für manche sind's Freunde und Familie, für andere Freiheit und Kreativität. Beobachte dich selbst und frag dich bei jeder **Entscheidung**: "Warum tue ich das wirklich?" Notier deine Antworten. Die Antworten, die immer wieder auftauchen, zeigen meist deine wahren Werte.

Jetzt kommt die "Werte-Ziele-Ausrichtungsmatrix". Keine Panik, das klingt komplizierter als es ist. Stell dir einfach ein Blatt Papier vor, in der Mitte eine Linie – auf einer Seite deine Werte, auf der anderen deine Ziele. Verbinde jedes Ziel mit allem, was dir wichtig ist. Findest du keine Verbindung, ist es Zeit zu überlegen, ob du an deinem Ziel was ändern musst, damit es besser zu deinen Werten passt.

Sieh es als eine Art inneres Aufräumen. Hat dein Ziel keine Verbindung zu deinen Werten - sei es Herzensangelegenheiten, Kollegen oder Abenteuer - wird's vielleicht nicht so gut klappen. Du kannst zum Beispiel nicht gleichzeitig ein krasses Gewichtsziel und pure **Freude** am Essen haben, ohne ein bisschen Balance. Oder du strebst nach Karriereerfolg, merkst aber, dass für dich Familie und Ruhe an erster Stelle stehen. Es gibt immer einen Mittelweg.

In dem Moment, wo deine Ziele und Werte ein echtes "Dream-Team" bilden, ziehst du das magisch an. Du erlebst vielleicht eine Art **Harmonie** und gehst mit einer Leichtigkeit und Energie an deine Ziele, dass die Anstrengung wie Schnee in der Sonne schmilzt.

Zielorientiertes Denken, durch dein Wertegerüst gefiltert, wird zu deinem Turbo-Boost. Da brauchst du keine externen **Motivationstricks** oder Belohnungen. Du machst's aus voller Überzeugung und - schwupps - bringt es dich viel weiter in Richtung deines echten Ichs.

Langfristige Ziele in umsetzbare Schritte aufteilen

Also... bleiben wir gleich mal bei den **Zielhierarchien**. Klingt erst mal kompliziert, ist aber eigentlich ziemlich simpel. Stell dir eine Pyramide vor. Ganz oben ist dein großes langfristiges **Ziel**. Und darunter ordnest du zwischendrin kleinere Ziele an, die dich schrittweise näher zu deinem großen Ziel bringen. Dadurch wirkt das Ganze nicht so übermächtig.

Du fragst dich sicher jetzt: "Wie erstellt man eine Zielstruktur?" Keine Sorge, Hauptsache, du packst es an! Beginne damit, dein

Hauptziel in mittelgroße Meilensteine zu zerlegen. Diese Meilensteine funktionieren wie Etappen im Marathon – Stück für Stück für dein großes Ziel arbeiten.

Zum Beispiel: Du willst in einem Jahr einen **Marathon** laufen. Das könnte so aussehen:

• Meilenstein - 5 Kilometer durchgängig laufen

• Meilenstein - auf 10 Kilometer steigern

• Meilenstein - Halbmarathon schaffen

Diese Meilensteine helfen dir dabei, konstant voranzukommen und sorgen dafür, dass du nicht die **Motivation** verlierst. Wie gesagt, jede Etappe bringt dich ein Stück näher an dein großes Ziel.

Weiter geht's mit der Frage, wie du diese Meilensteine dann in handfeste Aufgaben verwandelst. Hier kommt die "90-Tage-Sprint"-Technik ins Spiel. Ein Sprint – eigentlich aus der Software-Entwicklung entliehen, passt aber auch super, um an deinen Zielen zu arbeiten. Hierbei setzt du dir ein Zeitlimit von 90 Tagen, um bestimmte Meilensteine zu erreichen.

Sagen wir, du nimmst dir für die ersten 90 Tage vor, 5 Kilometer durchlaufen zu können. Deine **Aufgaben** pro Woche könnten dann so aussehen:

• Woche 1: Drei Mal lockeres Joggen à 2 Kilometer

• Woche 2: Vier Mal Joggen, gesamte Strecke 8 Kilometer

• Woche 3: Langsam aufbauen auf 3 Kilometer am Stück

• Woche 4 und 5: Du fühlst dich gut motiviert und steigerst kontinuierlich

Es geht ja hauptsächlich darum, den **Fokus** zu behalten und nicht in der Masse an Aufgaben zu versinken. Ein Sprint also. Darüber hinaus helfen diese Sprints auch dabei, das Momentum aufrechtzuerhalten und spürbare Fortschritte zu sehen. Kleine Schritte, große Wirkung – das ist das Geheimnis des 90-Tage-Sprints.

Manchmal hilft es auch, dich nach jeder erreichten Etappe zu belohnen. So bleibt die ganze Sache motivierend und du fühlst dich automatisch besser.

Jetzt haben wir die Zielstruktur angepackt und gesehen – gar nicht so riesig, wie's aussieht, oder? Das Wichtigste dabei ist einfach anzufangen und dich nicht von der Größe eines Ziels abschrecken zu lassen. Trotzdem... schön strukturiert bleiben. Kein Stress, das wird schon.

Also, zuletzt – wenn das große Ziel irgendwie zerbröselt und eine Pause erforderlich ist, sind diese Etappen superhilfreich. Und schwupps! Weiter laufen. Ganz ehrlich? Wenn du dich erstmal eingekurvt hast, fühlt sich auch so was wie ein Marathon machbar an. Klar, anspruchsvoll, aber irgendwie auch schaffbar.

Nochmals: Ziel hierarchisch aufstellen, 90-Tage-Sprints nutzen, und kleine **Aufgaben**. Dann klappt's auch mit dem Marathon – und keine **Selbstsabotage**, versprochen!

Hindernisse bei der Zielverfolgung überwinden

Es ist echt **entscheidend**, vorherzusehen, was auf dich zukommen könnte, wenn du dir ein **Ziel** setzt. Das heißt, sich vorzustellen, welche Stolpersteine auftauchen können, bevor sie es tatsächlich tun. Denn mal ehrlich, nichts läuft immer glatt, und wenn du nicht vorbereitet bist, dann schafft ein kleines Problem gleich großes

Chaos. Also, mach dir **Gedanken** über mögliche Hindernisse – klar, das ist nervig, aber notwendigen Schaden zu minimieren ist besser als überrascht zu werden. Vielleicht gibt es immer jemanden, der dir ein paar Geschichten erzählen kann, wie bei denen alles schiefging, weil sie nicht dran gedacht haben. So was wie Wetterpech bei einem Outdoor-Event oder technische Probleme bei einem Online-Treffen. Solche Szenarien kannst du nicht vermeiden, wenn du nicht daran denkst.

Ein Plan B für **Rückschläge** geht auch. Entwickle Notfallpläne für diese Momente, wenn etwas schiefgeht. Stell dir vor, du willst für einen Marathon trainieren, und plötzlich hast du eine Verletzung. Krieg keine Panik! Da hilft es, einen alternativen **Trainingsplan** parat zu haben. Du brauchst Alternativen. Ein Plan könnte sein, Fahrradfahren statt Joggen, wenn dein Knie nicht mitmacht. Oder was, wenn's im Büro hektisch wird und du einen wichtigen Termin verpasst? Ideen hierbei wären, doppelte Erinnerungen zu setzen oder dir Hilfe zu holen, um nicht unterzugehen. Ein Notfallplan bedeutet einfach, dass du schon ne Idee hast, wie du ein Problem löst, bevor es dich voll trifft. Das gibt Ruhe und verhindert Ausreden wie "Ich wusste ja nicht, was ich machen soll!".

Hier passt die „Wenn-dann-Planung" besonders gut. Das ist im Grunde das Schmieden kleiner **Szenarien**. Wenn Problem X passiert, dann machst du Y. Sobald klar ist, was du planst, falls Problem X auftauchen sollte, bleibst du auf Kurs und vermeidest das Gefühl von Planlosigkeit. Stell dir vor, du willst dich endlich gesünder ernähren und weißt, dass dich nachmittags besonders oft der Snackdrang überkommt. „Wenn ich nachmittags Lust auf was Süßes bekomme, dann trinke ich ein großes Glas Wasser und esse ein Stück Obst" ist ein gutes Beispiel für diese Technik. So, wenn der Drang kommt, hast du sofort deine Antwort parat – kein Zögern, kein Nachgeben an den Drang.

Auch am **Arbeitsplatz** funktioniert das. Stell dir vor, du wirst oft von deinem Smartphone abgelenkt. Leg einen Plan fest: „Wenn ich während der Arbeit mein Handy checken will, dann lege ich es in die Schublade bis meine Pause kommt" – und halte dich dran. Oder du bist im Stress und denkst ans Naschen: "Wenn ich bei Stress zur Nascherei greifen will, lächle ich mich kurz im Spiegel an und schnapp mir einen Kaugummi." Das hilft wirklich. Diese Technik ist so simpel, aber unglaublich effektiv. Du beginnst, konkret zu denken: Wenn X, dann Y. So bist du immer vorbereitet.

Die Hürden in der **Planung** können überwältigend wirken, aber wenn du im Voraus nachdenkst und einen passenden Plan hast, stärkst du dich. Die Hindernisse verlieren an Gewicht. Langsam aber sicher triffst du Maßnahmen, um deine Ziele zu verfolgen. So baust du ein System auf.

Also, das könnte dir helfen, cool zu bleiben und dir Mut zu machen. Probleme sind keine unüberwindbaren Hindernisse mehr. Und dann erreichst du deine großen Ziele Schritt für Schritt.

So ist das, bringt dir Hoffnung und Zuversicht. Hindernisse führen dich letztendlich zum Erfolg. Verstehe sie als Chance, dich weiterzuentwickeln und zu wachsen.

Praktische Übung: Erstellung einer persönlichen Ziel-Roadmap

Lass uns direkt einsteigen. Wähle zunächst ein **bedeutendes** langfristiges Ziel. Denk wirklich darüber nach – was möchtest du erreichen? Sei ehrlich zu dir selbst. Schließ die Augen und erschaffe ein Bild im Kopf. Vielleicht ist es eine **Beförderung**, ein eigenes Haus oder ein Marathon. Es muss etwas sein, das dir wichtig ist und auf das du einen Großteil deiner Energie konzentrieren willst.

Nachdem du dein großes Ziel gefunden hast, geht's weiter. Hier zerlegst du das Ziel in kleinere, messbare **Meilensteine**. Stell dir vor, du baust ein Haus – du fängst ja auch nicht mit dem Dach an, oder? Kleine Schritte ebnen den Weg. Beispiel: Wenn dein Ziel ein

Marathon ist, könnte ein Meilenstein sein, eine bestimmte Distanz in einer festgelegten Zeit zu laufen. Diese kleinen Abschnitte helfen dir, den Fortschritt zu messen und motiviert zu bleiben.

Wenn du jetzt diese Meilensteine hast, kommt der nächste Schritt: Erstelle einen **Zeitplan** für jeden Meilenstein, indem du rückwärts planst. Fang beim Endziel an und arbeite dich zurück. Das klingt einfach, ist aber entscheidend. Sagen wir, du möchtest in einem Jahr einen Marathon laufen – dann kannst du jeden Meilenstein Woche für Woche, Monat für Monat rückwärts festlegen. Dadurch wird machbar und realistisch, was anfangs riesig schien.

Aber Schwierigkeiten gehören dazu. Deswegen: Identifiziere potenzielle **Hindernisse**. Überlege für jeden Meilenstein, welche Probleme auftauchen könnten. Zum Beispiel, wenn dir bei der Marathonvorbereitung aufgrund einer Verletzung eine Auszeit droht, wie gehst du damit um? Hier brauchst du Notfallpläne, um immer einen Schritt voraus zu sein.

Jetzt kommt's zur Detailarbeit. Es geht um Dinge, die konkret dafür getan werden müssen, um jeden Meilenstein zu erreichen. Mach eine einfache Liste, was zu tun ist – von Workouts über Anmeldungen für Rennen bis hin zu Diätplänen. Zähl jede Aktion explizit auf, sodass alles klar vor dir liegt und keine Unklarheiten mehr herrschen.

Alles klar? Jetzt musst du jeder dieser Aktionen eine Frist zuweisen. Setz eine **Deadline** für alles. Wie sonst willst du vorankommen, wenn du kein klares Ende für jede Aufgabe festlegst? Timing ist der Schlüssel – es gibt dir Fokus und Struktur.

Zeit für einen kreativen Moment: Jetzt dreht sich alles um die visuelle Darstellung deiner Ziel-Roadmap. Ein Moodboard, eine Zeichnung oder eine digitale App – was immer sichtbar ist und dich regelmäßig erinnert. Mit einer Übersicht vor Augen bleibt alles fassbarer. Jede erreichte Etappe motiviert dich dann weiterzumachen.

Schließlich: Plane regelmäßige **Überprüfungen** ein, um die Roadmap anzupassen. Unbedingt! Pläne ändern sich, das ist normal. Also, wenn Hindernisse oder Verschiebungen auftreten, keine Panik – evaluiere deine Roadmap und ändere sie bei Bedarf. Das Ziel bleibt ja gleich – du musst nur den Weg klug anpassen, wenn nötig.

Zielsetzung soll Spaß machen! Und vergiss niemals: Der **Fortschritt** ist das, was zählt. Mach alles in machbaren Scheiben, denn ein Ziel zu erreichen ist ein Marathon, kein Sprint.

Fazit

In diesem Kapitel hast du viel über die **Kunst der Zielsetzung** und deren Erreichung gelernt. Es ist wichtig, klare und erreichbare **Ziele** zu haben, die gut mit deinen Werten übereinstimmen, um **motiviert** zu bleiben und effektiv zu arbeiten. Zu wissen, wie du große Ziele in kleine, machbare Schritte unterteilst, kann dir dabei helfen, **Hindernisse** zu überwinden und erfolgreich voranzukommen.

Du hast gesehen, warum es wichtig ist, Ziele klar und spezifisch zu formulieren, um Klarheit und **Motivation** zu erhöhen. Du hast gelernt, wie du messbare Ziele setzt, um **Fortschritte** zu verfolgen und deine Motivation zu bewahren. Auch den Nutzen der Rückwärtsplanung hast du kennengelernt, um sicherzustellen, dass deine Ziele erreichbar und zeitgebunden sind.

Zudem hast du erfahren, wie du Ziele mit deinen persönlichen **Werten** in Einklang bringst, um eine höhere intrinsische Motivation zu haben. Nicht zu vergessen ist, warum es entscheidend ist, potenzielle Hindernisse vorauszusehen und dafür **Notfallpläne** zu entwickeln.

Egal, ob für die Schule oder für dein persönliches Leben – probier die Techniken aus, die du in diesem Kapitel gelernt hast. Sie helfen dir dabei, deine Ziele effizienter zu erreichen und Hindernisse klug zu umgehen. Viel Erfolg dabei!

Kapitel 6: Zeitmanagement für Selbstdisziplin

Hast du dich je gefragt, warum die **Zeit** so schnell verfliegt und du kaum etwas davon nutzt? Ich weiß genau, wie du dich fühlst. Wir alle kämpfen irgendwann damit, unsere Tage richtig zu planen. In diesem Kapitel zeige ich dir, wie du mehr **erreichst** und trotzdem mehr Freizeit hast. Klingt cool, oder? Du wirst staunen, wie ein paar einfache Techniken dein Leben verändern können.

Es geht darum, was im Tag wirklich **wichtig** ist. Eine To-Do-Liste ist ein Muss. Aber mach sie richtig. Ich schwöre auf den Pomodoro-Trick, weil 25 Minuten Arbeit und 5 Minuten Pause einfach perfekt passen. Probier's mal aus, du wirst begeistert sein!

Zeitschwämme sind echt nervig! Hängst du oft auf TikTok oder Insta rum? Ehrlich jetzt? Lass das weg und du wirst Berge versetzen. Komm, gestalte deinen Tag **effektiv**. Morgenroutinen sind total angesagt. Planung ist alles. Dazu gebe ich dir praktische **Tipps**.

Das Highlight ist die Übung zur **Zeitanalyse** und Optimierung. Du schaust dir deine Tagesstunden an, überlegst, was sinnvoll war und was nicht. Dann stellst du alles clever um. Einfach und genial. Warte nur ab.

Ich freue mich, dass du dich auf dieses Kapitel einlässt. Spannend, was wir da zusammen auf die Beine stellen, oder? Leg los und **verbessere** dein Zeitmanagement...

Priorisierungstechniken

Okay, du hast schon mal von **Priorisieren** gehört, oder? Aber hier ist der Clou - nicht alle **Aufgaben** sind gleich wichtig, und manche Dinge können dich wirklich aus der Bahn werfen, wenn du sie nicht richtig einplanst. Es ist super wichtig, den Unterschied zwischen dringenden und wichtigen Aufgaben zu verstehen.

Dringende Aufgaben sind die, die sofort erledigt werden müssen. Sie rufen nach deiner sofortigen Aufmerksamkeit. Stell dir vor, du bekommst eine E-Mail von deinem Chef, die eine sofortige Antwort verlangt oder es brennt irgendwo - du musst direkt handeln! Wichtige Aufgaben hingegen dienen deinen langfristigen **Zielen** und Entwicklungen. Diese erfordern Planung und sind oft groß, aber sie haben keinen lauten Timer, der tickt. Durch die Fokussierung auf das Wichtige statt auf das Dringende vermeidest du, nur in einem ständigen Alarmmodus zu arbeiten und verlierst nicht den Überblick über das Wesentliche in deinem Leben.

Da kommen wir zur **Eisenhower-Matrix**. Hast du davon gehört? Sie wurde nach Präsident Eisenhower benannt und hilft, Aufgaben effizient zu priorisieren. Sie teilt deine Aufgaben in vier Kategorien:

• Dringend und wichtig: So was muss sofort erledigt werden. Es sind die Krisen und Deadlines.

• Nicht dringend aber wichtig: Diese erfordern Planung und sind entscheidend für deinen langfristigen Erfolg. Reserviere Zeitblöcke, um diese Aufgaben abzuarbeiten.

• Dringend aber nicht wichtig: Delegiere dies wenn möglich. Es sind oft lästige kleine Aufgaben.

• Nicht dringend und nicht wichtig: Lass diese lieber ganz weg oder mach sie rein zum Spaß, wenn du Zeit übrig hast.

Danach fühlt es sich oft so an, als ob ein Berg von wichtigen Dingen von deinen Schultern genommen wurde - sortiert und in Häppchen unterteilt.

Dann gibt's noch die **ABC-Methode** - ziemlich einfach zu verstehen und doch super effektiv. Du teilst deine Aufgaben in:

• A-Aufgaben: Extrem wichtig, bringen große Konsequenzen, wenn sie nicht erledigt werden. Die haben Priorität Eins.

• B-Aufgaben: Mittlere Wichtigkeit, weniger Einfluss, wenn sie verschoben werden, aber immer noch nötig.

• C-Aufgaben: Geringe Wichtigkeit, die keinen großen Einfluss haben, wenn sie überhaupt nicht gemacht werden. Stell dir vor, Emails checken oder Social Media durchsuchen.

So behältst du den Überblick und gewährleistest, dass die wichtigsten Dinge direkt am Morgen gemacht werden, wenn deine **Energie** und **Konzentration** am höchsten sind.

Es ist ein bisschen wie das Zubereiten einer ausgewogenen Mahlzeit: Wichtige Aufgaben sind das Hauptgericht, dringende Aufgaben die Beilagen, und die unwichtigen - tja, die können als Dessert kommen, oder auch gar nicht, wenn du keinen extra Platz im Magen hast.

Vergiss nicht: Aufgabenpriorisierung ist kein starrer Plan, sondern eine Hilfe im hektischen Alltag, damit du nicht aus den Augen verlierst, was wirklich zählt. Balanciere unbedingt deine täglichen Aufgaben und finde deinen **Rhythmus**, um deine **Selbstdisziplin** praktisch zu steigern.

Mach das mit der Eisenhower-Matrix und der ABC-Methode, und du wirst merken, wie leichter das Priorisieren wird! Klingt gut, nicht wahr? Nutze diese Techniken und du bist bestens gewappnet, die wichtigen Sachen in deinem Leben richtig anzupacken!

Die Pomodoro-Technik für konzentriertes Arbeiten

Hast du schon mal von der Pomodoro-Technik gehört? Diese Methode ist ein echter **Gamechanger**, wenn es darum geht, fokussiert zu **arbeiten** und die Motivation hochzuhalten. Das Prinzip ist einfach: Du arbeitest 25 Minuten lang konzentriert, machst dann eine kurze Pause und wiederholst das Ganze. Aber warum funktioniert das so gut?

Für unsere Psyche sind Zeit-Boxen wie eine kleine Belohnung. Du gibst deinem Gehirn kurze, klare Ziele. Das steigert den **Fokus** enorm und macht es einfacher, bei der Sache zu bleiben. Du kennst das bestimmt – wenn du weißt, dass die Aufgabe nur 25 Minuten dauert, fühlt sich das viel machbarer an. Diese klaren Zeitrahmen helfen auch dabei, die Aufschieberei zu reduzieren.

Und dann gibt's da noch die **Motivation**. Wir Menschen lieben Erfolge und Belohnungen. Die kurzen Pausen nach jeder Pomodoro-Session sind genau das. Kleine, regelmäßige Erholungspausen, die deinem Geist Frische bringen. Das regeneriert dich und macht es leichter, Energie und Motivation hochzuhalten.

Wie setzt du die Pomodoro-Technik nun praktisch um? Ganz einfach:

• Such dir eine Aufgabe aus, die du erledigen willst.

• Stelle einen Timer auf 25 Minuten – das ist eine Pomodoro.

• Arbeite konzentriert, bis der Timer klingelt.

• Mach eine kurze Pause von 5 Minuten.

• Nach vier Pomodoros gönnst du dir eine längere Pause, so um die 15 bis 30 Minuten.

Easy, oder? Diese Methode lässt sich fast überall anwenden: bei der **Arbeit**, zuhause oder im Studium. Noch besser – sie hilft dir auch, Burnout zu vermeiden. Diese kurzen, regelmäßigen Pausen verhindern, dass du dich überarbeitest. Dein Gehirn bekommt immer wieder die Chance, sich zu erholen.

Kommt jetzt aber der Punkt: Manchmal hast du einfach Widerstände im Kopf, die das Anfangen einer Aufgabe hart machen. Da hilft die 5-Minuten-Regel. Sag zu dir selbst, dass du eine Aufgabe nur für 5 Minuten angehst. Wenn die Zeit vorbei ist, kannst du immer noch entscheiden, ob du weitermachst oder aufhörst. In der Regel stellst du fest, dass das Anfangen oft der schwierigste Teil ist. Wenn du die ersten Minuten überstanden hast, läuft es dann fast wie von alleine.

Denk daran, dass unser Gehirn wie ein kleines Kind ist – es muss ausgetrickst werden. Also trickse es mit klaren Zeitstrukturen und regelmäßigen Mini-Belohnungen aus. Die Pomodoro-Technik und die 5-Minuten-Regel sind dabei wirklich mächtige **Werkzeuge**.

Wie sieht das Ganze im Alltag noch aus? Stell dir vor, du schreibst eine lange Recherche-Arbeit oder bereitest eine **Präsentation** vor. Beide Aufgaben können schnell überfordern und mühsam wirken. Mit der Pomodoro-Technik brichst du diese großen Projekte in handliche Häppchen. Jede Aufgabe wird überschaubarer, und du bleibst motiviert.

Es lohnt sich wirklich, diese Technik einmal auszuprobieren und in den Alltag zu integrieren. Probier sie vielleicht gleich heute aus... Du wirst staunen, wie viel du ohne **Stress** und Überforderung schaffen kannst!

Zeitverschwender eliminieren

Hast du schon mal von einem **Zeit-Audit** gehört? Es klingt vielleicht ein bisschen wie Buchhaltung, ist aber echt nützlich. Ein Zeit-Audit ist im Grunde eine **Bestandsaufnahme** davon, wie du deine Zeit verbringst. Es hilft dir zu checken, wo genau die Stunden immer hinverschwinden. Du schreibst über einen bestimmten Zeitraum jede Aktivität und ihre Dauer auf. Das kann echt die Augen öffnen! Du erkennst schnell, wie viel Zeit du mit Dingen verplemperst, die wenig oder gar keinen Wert bringen.

Stell dir vor, du hockst am Schreibtisch und surfst im Netz, nur mal kurz die neuesten News checken – und schwupps, sind zwei Stunden weg. Klassische **Zeitverschwendung**! Zeitfresser wie ständige E-Mail-Benachrichtigungen oder endloses Scrollen durch Social Media zu erkennen, ist der erste Schritt. Versuch mal, diese **Ablenkungen** bewusst einzuschränken. Du könntest zum Beispiel feste Zeiten fürs E-Mail-Checken einführen – und dich dann auch dran halten.

Und was sind die typischen Zeitverschwender? Da gibt's einige Dauerbrenner: Meetings ohne Ende und klares Ziel, Glotze, Browsergames und so weiter. Auch Trödeln oder **Prokrastination** ist weit verbreitet. Ein Tipp, um diese zeitfressenden Aktivitäten zu entlarven: Überleg immer, wie oft und wie lange du was machst, ohne dass es dich wirklich weiterbringt.

Ein cooler Trick für nervige Kleinkram-Aufgaben ist die "**Zwei-Minuten-Regel**". Ganz einfach: Wenn du was in weniger als zwei Minuten erledigen kannst, mach's sofort. Keine Ausreden! Es ist krass, wie viel man damit schaffen kann. Geh jede Aufgabe an, sobald sie auftaucht, statt später einen Berg von Kleinkram abarbeiten zu müssen.

Wie setzt du das konkret um? Nehmen wir mal E-Mails. Anstatt sie zu sammeln und später zu bearbeiten, antworte auf die kurzen, überschaubaren gleich. Fühlt sich zuerst wie ein Hamsterrad an, sorgt aber für einen leeren Posteingang und mehr Zeit für die wichtigen Dinge. Dasselbe gilt für Haushaltskram – wenn du was siehst, das in zwei Minuten erledigt ist, mach's gleich und hak's ab.

Es gibt auch einfache Wege, um im Alltag **disziplinierter** zu sein. Ablenkungen minimieren, klare Strukturen setzen und dich selbst belohnen, wenn du es schaffst, am Ball zu bleiben. Vielleicht motiviert es dich, wenn du weißt, dass am Ende des Tages noch Zeit zum Chillen bleibt, weil du alles Wichtige gut strukturiert und flott erledigt hast.

Alles klar, das war 'ne Menge Info auf einmal. Die Kernbotschaft? Kenne deine **Zeitfresser**, kill sie mit Bewusstsein, und nutze die Zwei-Minuten-Regel, wann immer's geht. Mit etwas Übung kriegst du das locker hin!

Effektive Tagesroutinen erstellen

Also – wie **beginnst** du den Tag richtig? Ganz einfach: mit einer **Morgenroutine**. Diese ersten Minuten oder Stunden des Tages sollen dich auf die anstehenden Herausforderungen vorbereiten. Stell dir vor, du wachst auf und alles läuft wie am Schnürchen. Ob du nun meditierst, ein bisschen Sport machst oder einfach nur einen Kaffee in Ruhe genießt – das Ritual bringt dich in die richtige Stimmung und gibt deinem Geist Struktur.

Warum sind solche Routinen so wichtig? Die Antwort ist simpel: Sie setzen den Ton für den Rest des Tages. Ein gut geplantes Morgenritual hilft dir, **Stress** zu reduzieren und dich auf das Wesentliche zu konzentrieren. Wenn du dich nur darum kümmern musst, den Plan abzuarbeiten, bleibt weniger Raum zum Zweifeln oder Trödeln. Und das ist entscheidend für **Selbstdisziplin** – denk daran, dass sie dich ja immer begleiten soll.

Aber genauso wichtig wie die Morgenroutine ist die **Abendroutine**. Diese hilft dir, den Tag abzuschließen und dich auf einen guten

Schlaf vorzubereiten. Vielleicht liest du ein Buch oder führst ein Tagebuch, vielleicht bereitest du dein Frühstück für den nächsten Tag vor. Eine angenehme und einfache Aufgabe am Abend kann Wunder wirken – du wirst ruhiger und kannst besser abschalten.

Jetzt, wie kannst du solche Routinen gestalten, die zu deinen eigenen **Energielevels** passen? Manch einer ist frühmorgens voller Energie, während andere eher abends produktiver sind. Wenn du merkst, dass du morgens nicht besonders fit bist, zwing dich nicht, eine super ambitionierte Routine einzuführen. Es macht keinen Sinn, wenn du dich dabei wie ein Zombie fühlst. Stattdessen plane leicht verdauliche Aktivitäten ein – vielleicht ein bisschen Dehnen oder eine angenehme Playlist anhören. Dann kannst du Stück für Stück diese Routine erweitern, wenn du dich wohler fühlst.

Für die Frühaufsteher unter uns – plane ruhig schon früh anspruchsvollere Aufgaben ein. Wenn du merkst, dass dein Kopf am schärfsten funktioniert, setz dich gleich an die Aufgaben, die hohe **Konzentration** erfordern.

Ein weiteres cooles Konzept heißt "Habit Stacking." Grob übersetzt bedeutet das Aufeinanderstapeln von Gewohnheiten. Die Idee ist simpel: Du nimmst eine bereits existierende Routine und fügst eine kleine Gewohnheit hinzu, die du etablieren willst. Beispielsweise könntest du beim Zähneputzen anfangen, affirmierende Gedanken gleich mit einzubringen, wie "Heute wird ein guter Tag."

Das Verfahren sieht dann vielleicht so aus:

- Du putzt dir die Zähne. Check.

- Dann denkst du gleichzeitig an drei Dinge, auf die du dich freust.

Sobald diese Kleinigkeiten zur **Gewohnheit** werden, kannst du wieder etwas Kleines hinzufügen. Schritt für Schritt kommst du so zu voluminöseren positiven Verhaltensmustern.

Es ist einfach eine gute Methode, weil es sanft ist – es fordert dich nicht zu sehr heraus und fühlt sich fast natürlich an. Und diese kleinen Extras wachsen schnell an.

Zum Abschluss dieses ganzen Dings – denk daran, deinen eigenen **Rhythmus** und welche Aktivitäten dir Energie geben oder rauben, zu respektieren. Mein Tag beginnt zum Beispiel immer mit einer Meditation im Park – stille Reflexion hilft mir, fokussiert zu bleiben. Vielleicht hilft dir ein Tee oder ein Spaziergang.

Skill deine Routinen nach deinem eigenen Plan und hab Spaß dabei – sie sind nicht in Stein gemeißelt, sondern flexibel. Probier's aus, spiele rum und schau, was für dich gut funktioniert.

Praktische Übung: Zeitanalyse und Optimierung

Jetzt mal ehrlich, wie oft **verzettelst** du dich im Alltag? Wir alle haben diese Momente, wo die Zeit irgendwie wegfließt. Hier kommt 'ne einfache Übung, um da ein bisschen Klarheit reinzubringen.

- Verfolge eine Woche lang alle deine **Aktivitäten** und notiere Start- und Endzeiten.

Klingt vielleicht anstrengend, aber fang einfach mal an. Eine Woche jede Aktivität tracken: was du machst, wann du anfängst und wann du aufhörst. Leute nennen es "Zeittagebuch" oder so. Aber im Grunde ist es echt simpel. Am Ende der Woche solltest du eine grobe Übersicht haben.

- Kategorisiere jede Aktivität als **essenziell**, produktiv oder unproduktiv.

Hier kannst du kreativ werden. Dein Frühstück? Essenziell, oder? Arbeiten? Produktiv, klar. Netflix-Binge am Samstag? Eher unproduktiv. Sei ehrlich mit dir selbst. Manchmal willst du dich selbst beschummeln, aber das bringt nix.

• Berechne die Gesamtzeit, die du für jede **Kategorie** aufgewendet hast.

Okay, das kann etwas Zahlengefrickel sein. Aber keine Sorge, es muss kein Meisterwerk sein. Addiere einfach die Zeiten für jede Kategorie zusammen. So siehst du am Ende auf einen Blick, wie viel Zeit du für produktive, essenzielle und unproduktive Aktivitäten verplempert hast.

• Identifiziere **Muster** und Zeitverschwendungsaktivitäten.

Jetzt wird's interessant. Schau dir die Zeit an, die du in jeder Kategorie verbracht hast, und versuch die Muster zu erkennen. Vielleicht ziehst du morgens öfter Autobingo mit den E-Mails statt direkt durchzustarten. Oder du schleppst dich nachmittags von einem Snack zur nächsten Insta-Scrolling-Session. Hier merkst du, wo du dir selbst die Beine stellst.

• Setze dir spezifische **Ziele**, um unproduktive Zeit zu reduzieren.

Kein Hexenwerk. Überlege einfach, was du anders machen kannst. Vielleicht weniger Binge-Watching und mehr Zeit für deine Hobbys. Oder fortan E-Mails nur zu bestimmten Zeiten checken. Setz dir kleine, machbare Ziele, die du nicht schon beim Gedanken daran aufgibst.

• Erstelle einen neuen **Zeitplan**, der essenzielle und produktive Aktivitäten priorisiert.

Nimm deinen optimierten Plan zur Hand und versuch ihn sinnvoll zu strukturieren. Mach das morgens zuerst, was wirklich wichtig ist. Spar dir die Checkerleien für später auf. Lieblingsserien am Wochenende statt mitten in der Woche.

- Setze den neuen Zeitplan eine Woche lang um und notiere deine **Beobachtungen**.

Ja, schaffbar ist das definitiv. Probiere deinen Plan eine Woche aus und erfasse deine Eindrücke. Schiefgehen? Kein Problem, notier es und überlege, was du ändern könntest. Hat was super funktioniert? Auch gut.

- Passe deinen Zeitplan basierend auf den Ergebnissen an und **verfeinere** ihn.

Tja, keiner ist beim ersten Mal perfekt. Mach dir keine Sorgen, wenn du nachjustieren musst. Kleine Anpassungen können eine große Wirkung haben. Mach das solange, bis dein Zeitplan nicht mehr hinderlich, sondern hilfreich ist.

Es geht nicht darum, perfekt zu sein. Nein, sondern jeden Tag ein bisschen besser. Mit dieser Übung ziehst du mindestens ein paar Lehren daraus. Ich denk mal, dass kriegst du hin — Schritt für Schritt.

Zum Schluss

In diesem Kapitel hast du gelernt, wie **wichtig** es ist, Zeit effektiv zu managen und **Selbstdisziplin** zu entwickeln. Du hast verschiedene Techniken und Methoden kennengelernt, die dir helfen können, deine **Aufgaben** besser zu organisieren und produktiver zu arbeiten.

Du hast gesehen, warum es entscheidend ist, zwischen dringenden und wichtigen Aufgaben zu unterscheiden. Die **Eisenhower-Matrix** kann dir dabei helfen, Aufgaben klug zu priorisieren. Auch die "ABC-Methode" zur Bewertung von Aufgaben wurde dir vorgestellt. Die **Pomodoro-Technik** ist ein toller Weg, um deine Konzentration und **Motivation** zu steigern. Außerdem hast du gelernt, wie wichtig tägliche Routinen, besonders morgens und abends, für deinen Tagesablauf sind.

Nimm das Gelernte aus diesem Kapitel mit und versuche, es Schritt für Schritt in deinen **Alltag** zu integrieren. Die Kraft der Selbstdisziplin und des **Zeitmanagements** wird dich auf deinem Weg zu deinen Zielen enorm unterstützen!

Du kannst es schaffen! Sei geduldig mit dir selbst und mache kleine Fortschritte jeden Tag. So wird der **Erfolg** nicht ausbleiben. Jetzt liegt es an dir, die Techniken anzuwenden und zu sehen, wie viel produktiver und zufriedener du sein kannst. Los geht's!

Kapitel 7: Entwicklung einer disziplinierten Denkweise

Hast du dich jemals gefragt, warum manche Menschen scheinbar mühelos **Selbstdisziplin** ausstrahlen, während andere ständig kämpfen? Ich musste mir dasselbe auch mal überlegen. In diesem Kapitel tauchen wir zusammen ein bisschen tiefer in die Kunst der Selbstbeherrschung ein – auf eine Art, die dich wirklich **verwandeln** kann.

Stell dir vor, wie es wäre, wenn du deine mentale **Einstellung** tatsächlich ändern könntest. Kein Herumtrödeln mehr, kein endloses Grübeln darüber, was schief gehen könnte. Das erreichst du durch kognitive Umstrukturierung. Dieses Kapitel gibt dir **Werkzeuge** an die Hand, die nicht nur theoretisch klingen, sondern auch praktisch greifen. Du wirst entdecken, wie positive Selbstgespräche und **Affirmationen** zu wahren Ankern in deinem Alltag werden können.

Aber das ist noch nicht alles. Es gibt diese 40%-Regel: Stell dir vor, du denkst, du wärst am Limit, und dann überraschst du dich selbst noch mehr. Ich garantiere es. Oder wunderst du dich vielleicht, warum du nicht durch deine eigenen, selbst auferlegten **Grenzen** durchbrichst? Es liegt oft wirklich nur an inneren Überzeugungen, die du vielleicht nicht mal kennst.

Sei gespannt auf praktische Übungen, die nicht kompliziert, sondern absolut **machbar** sind... ja, auch wenn du sehr beschäftigt bist. Ziel ist es, diese positiven Denkanstöße durch Tagebuch-Schreiben greifbar zu machen – du wirst überrascht sein, was das alles auslösen kann.

Bereit, deinen **Geist** auf ein neues Niveau zu bringen? Fantastisch. Los geht's!

Kognitive Umstrukturierung für Selbstdisziplin

Kognitive Verzerrungen sind echt abgefahren, oder? Als ob dein Kopf plötzlich völlig **Verrücktes** zeigt. Glaub mir, das kann deine **Selbstdisziplin** ordentlich durcheinanderbringen. Stell dir vor, du versuchst gerade mit dem Sport anzufangen, und dann sagt dein Hirn: "Mir hat nie was wirklich geholfen". Das ist 'ne klassische kognitive Verzerrung. Totale Katastrophe für die **Motivation**!

Diese schrägen **Gedankenmuster** zu entdecken und auszuschalten, ist der erste wichtige Schritt. Negative Denkmuster zu erkennen, ist 'ne clevere Fähigkeit. Wenn du diesen fiesen inneren Monologen begegnen kannst, wie zum Beispiel "Ich bin total zweitklassig in diesem Projekt", fängst du schon an, sie zu entkräften. Probier mal aus: Schreib sie auf, immer wenn so 'n blöder Gedanke hochkommt. Guck ihn dir an und frag dich: Ist der echt gültig? Vielleicht merkst du schnell, dass er Quatsch ist oder wenigstens übertrieben.

Dann fragst du dich wahrscheinlich, wie man die Gedankenschleife stoppen kann. Naja, die "**Gedankenstopp**"-Technik ist der Knaller! Klar, der Name sagt eigentlich alles. Stell dir das so vor: Du fängst an, dich runterzumachen und plötzlich sagst du in deinem Kopf laut "STOPP"! Stark, ne? Es holt dich ins Hier und Jetzt zurück und verhindert, dass du auf die bescheuerten Gedanken aufspringst.

Ein paar Varianten davon sind richtig gut: Einige nutzen z.B. ein Gummiband ums Handgelenk, und wenn sie toxische Gedanken haben, schnippen sie damit. Ratzfatz konzentrierst du dich wieder auf die Sache. Du könntest auch innerlich "Stopp!" schreien oder in die Hände klatschen, um die mentale Handlung zu unterbrechen.

Auch hilfreich: Hol dir zur Unterstützung positive **Gedanken** ins Boot. Anstatt dich selbst im Regen stehen zu lassen mit "Ich werde das sowieso vergeigen", denk lieber "Ich hab das Zeug dazu, das zu rocken". Diese realistischen und fairen Aussagen trainieren dein Hirn auf neue, konstruktivere Gedankenschleifen.

Kleine Analogie gefällig? Weißt du, wie man immer wieder vergisst, wie schwer Wasser in einem Eimer ist, bis man ihn hebt? Kognitive Verzerrungen sind so ähnlich verglichen mit **Selbstdisziplin**. Man wiegt ihre Wirkung nicht, ist sich aber dessen nicht wirklich bewusst, bis einen das gepackte Problem unter die Knie zwingt.

Natürlich geht das nicht von heute auf morgen. Wie gesagt, **Durchhaltevermögen** ist das A und O. Es ist wie beim Training. Mühe und Wiederholung ändern schließlich, wie wir uns selbst sehen und führen. In meiner Erfahrung lohnt sich das massiv. Diese kleinen Kämpfe im Alltag – sie addieren sich.

Also, worauf wartest du? Probier es beim nächsten schrägen Gedankengang mal mit einem lauten "Stopp!". Tausche den Blödsinn durch ein stabiles "Ich kann das" aus. Kein Hexenwerk, aber unheimlich effektiv. Voilà – bereit für deinen disziplinierten Weg?

Den Eigen-Talk in die richtigen Bahnen lenken und gegen das alte negative Gedöns wappnen – das schärft die **Selbstdisziplin**. Mach diese Techniken zu deinem neuen Buddy, und du wirst die Resultate mögen. Bye, bye negative Denkmuster, hallo disziplinierte Zukunft!

Positive Selbstgespräche und Affirmationen

Wusstest du, dass **Selbstgespräche** einen enormen Einfluss auf dein Verhalten und deine **Motivation** haben? Echt wahr. Wenn du dir jeden Tag einredest, dass du es nicht packst, glaubst du es irgendwann. Und das ändert dein Verhalten. Du fängst plötzlich an, zu trödeln oder gibst viel zu schnell auf. Das willst du doch nicht, oder?

Aber keine Sorge, es gibt zum Glück einen anderen Weg. Positive Selbstgespräche können dich beflügeln und dir diesen extra Kick geben, den echten **Motivationsboost**. Stell dir vor, du redest jeden Morgen im Spiegel zu dir und sagst: "Ich bin stark. Ich bin diszipliniert. Ich kann das." Schalte einfach diese negativen Gedankenschleifen aus und ersetze sie durch positive, stärkende Worte. Glaub mir, das ist wie Zauberei.

Doch nicht jede **Affirmation** passt für jeden. Deine Persönlichkeit spielt dabei eine große Rolle. Du brauchst deine eigenen, personalisierten Aussagen, um wirklich was zu erreichen. Dafür solltest du deine Schwächen kennen und wissen, was dich wirklich antreibt. Willst du im Job besser werden? Sag dir: "Ich bin fokussiert und kompetent." Stehst du auf dem Weg zum Traumkörper? Dann könnte "Ich bin stark und ausdauernd" dein Ding sein.

Mach dir eine Liste von Sachen, die du erreichen willst, und formuliere kurze, einfache Sätze dazu. Schreib sie auf. Lies sie laut. Täglich, wenn möglich mehrfach. Diese positive **Selbsteinflüsterung** kann dein Gehirn umprogrammieren und schlechte Gewohnheiten durch selbstdiszipliniertes Verhalten ersetzen.

Ein richtig cooler Trick, um das noch wirkungsvoller zu machen, ist die „**Spiegeltechnik**". Ja, genau – einfach vor dem Spiegel stehen und dir selbst diese positiven Dinge sagen. Fühlt sich vielleicht erst ein bisschen komisch an, aber glaub mir, nach einer Weile wird's ganz normal. Schau dir dabei bewusst in die Augen. Dadurch verstärkst du die Aussage und baust gleichzeitig dein **Selbstvertrauen** auf. Unser Gehirn verbindet visuelle Signale direkt mit Emotionen, und das macht diese Technik so kraftvoll.

Mit der Zeit wirst du merken, dass sich dein Selbstbild ändert. Du fühlst dich nicht nur selbstbewusster, du handelst auch anders. Weniger Trödelei, mehr Effizienz. Weniger Selbstzweifel, mehr Mut. Gerade wenn's mal schwieriger wird, helfen diese positiven Affirmationen und die Spiegeltechnik ungemein weiter. Plötzlich sind Dinge möglich, die du dir vorher nicht zugetraut hast.

Es ist allerdings wichtig, dranzubleiben. Mehrmals täglich kleine, positive Szenen einbauen, dir selbst kleine Erfolgserlebnisse zusprechen. Jeden einzelnen Tag. Besonders direkt nach dem Aufstehen oder vor dem Schlafengehen. Das formt in deinem Kopf allmählich ein neues, positives Menschenbild von dir selbst.

Wichtig ist hier die **Regelmäßigkeit**. Der Unterschied kommt nicht über Nacht. Aber mit der Zeit und durch ständiges Wiederholen kriegst du das hin. Und spätestens nach ein paar Wochen wirst du feststellen, wie sehr sich dein Denken und damit auch dein Verhalten verbessern.

Also, wie fängst du an? Schreib dir doch mal auf, welche Ziele du erreichen möchtest und wandle diese in persönliche Affirmationen um. Steck bisschen Herzblut rein und sei ehrlich zu dir. Häng diese Sätze an Orte, wo du öfter hinsiehst. Auf deinen Spiegel, in dein Tagebuch, an den Kühlschrank. Baue sie in deinen Alltag ein, so dass sie fast automatisch werden.

Das Wichtigste ist, dabei bescheiden zu bleiben, aber auch dran zu glauben, dass du das hinkriegst. Kleine Schritte, eine neue **Denkweise**, und mit der Zeit hast du ein starkes, positives

Selbstbild. Und das führt zu einer disziplinierten Lebensweise – total cool, oder?

Die 40%-Regel: Über wahrgenommene Grenzen hinausgehen

Was genau ist diese 40%-Regel? Kurz gesagt: Wenn du glaubst, dass du am Ende deiner **Kräfte** bist, hast du meistens tatsächlich erst 40% deines **Potentials** genutzt. Das Konzept der mentalen Reserven bedeutet, dass dein Geist oft aufgibt, bevor dein Körper es wirklich muss.

Kennst du das Gefühl, wenn du bei einer lästigen Aufgabe hängen bleibst, obwohl du schon denkst, dass du nicht mehr kannst? Es ist wie eine unsichtbare **Grenze**, die dein Gehirn dir vorgaukelt. Du hast so viel mehr Reserven, als du glaubst. Das Problem? Dein Gehirn will dich schützen – vor Langeweile, Überforderung oder Schmerz. Aber das führt auch dazu, dass du oft zu früh aufgibst.

Okay, du erkennst dich vielleicht darin wieder, zu früh aufzugeben. Aber wie erkennst du das? Achte auf diese Anzeichen:

• **Innerer Dialog:** Wenn du anfängst zu denken, „Ich kann nicht mehr" oder „Das ist zu schwer".

• **Abschweifen:** Du merkst, dass du gedanklich immer wieder wegrutschst und an etwas anderes denkst.

• **Zweifel:** Du zweifelst ständig an deiner Fähigkeit, die Aufgabe zu bewältigen.

Wenn diese Anzeichen auftauchen, kann es sein, dass du kurz davor bist, dich selbst zu sabotieren.

Jetzt fragst du dich bestimmt: „Wie komm ich dann weiter?". Hier kommen ein paar Strategien:

- **Atemtechniken:** Bleib ruhig. Langsam und tief atmen kann helfen, dich zu fokussieren und den Geist zu beruhigen.

- Positiver innerer Dialog: Wandle negative Gedanken zu positiven um. Sag dir selbst, „Ich hab das schon so weit geschafft, nur noch ein bisschen mehr."

Wäre es nicht toll, wenn du größere Aufgaben in kleinere, leichter bewältigbare Aufgaben umwandeln könntest? Hier kommt die Technik des Mikro-Zielsetzens ins Spiel. Stell dir vor, du musst einen langen **Bericht** schreiben. Anstatt dich von der gesamten Aufgabe überwältigen zu lassen, setz dir Mikro-Ziele:

- Fang klein an: Setz dir das Ziel, nur den ersten Absatz zu schreiben.

- Erweiter es etwas: Danach nimmst du dir vor, die nächste Seite zu schreiben.

- Belohn dich: Nach jedem kleinen Erfolg gönnst du dir eine Belohnung, sei es ein kurzer Spaziergang oder eine Tasse Tee.

Durch das Setzen solcher kleiner Ziele wirkt die Gesamtaufgabe viel weniger überwältigend. Ein geheimnisvolles Gefühl des **Fortschritts** tritt ein. Du bist immer näher dran.

Und noch was: Manchmal hilft es auch, die Perspektive zu wechseln. Erinner dich daran, warum du diese Aufgabe überhaupt machst. Was **motiviert** dich? Welche persönlichen oder beruflichen Ziele verfolgst du? Sich nochmal die eigenen Gründe vor Augen zu führen, gibt oft einen zusätzlichen Schub.

Jeder hat Momente, in denen er feststeckt. Wichtig ist, rauszufinden, warum der Kopf sagt „Stopp", obwohl du noch viel weiter gehen könntest. Teste die 40%-Regel an dir selbst. Du wirst überrascht sein, wie weit du wirklich kommst, wenn du erst einmal deine wahren Reserven anzapfst.

Mit diesen Techniken, einer Mischung aus Selbstwahrnehmung und praktischen Werkzeugen, kannst du anfangen, diese gefühlten Grenzen zu durchbrechen. Und ganz ehrlich, das Gefühl, die eigenen Grenzen zu sprengen – unbezahlbar, oder?

Du bist viel **stärker**, als du denkst. Kämpf weiter, auch wenn's hart wird. Immer dran denken – 40% ist oft nur der Anfang.

Selbstbegrenzende Überzeugungen überwinden

Stell dir vor, wie selbstbegrenzende Überzeugungen überhaupt entstehen. Oft fangen sie in der Kindheit oder Jugend an. Vielleicht hat dir jemand gesagt, dass du nicht gut genug bist – oder du hast es irgendwann selbst geglaubt. Und siehe da, plötzlich hörst du diesen inneren **Kritiker** immer und immer wieder.

Solche Überzeugungen haben echt 'nen Einfluss auf dich. Sie können dich davon abhalten, Dinge zu starten oder durchzuziehen, die du eigentlich dringend machen willst. Und hier reden wir nicht nur über deine **Ziele** – es geht ums Große und Ganze. Wenn du glaubst, dass du keine Disziplin hast, wirst du den **Selbstdisziplin**-Prozess wahrscheinlich frühzeitig stoppen.

Wie kommst du dem auf die Schliche? Du musst deine **Kernüberzeugungen** identifizieren. Frag dich mal, welche Gedanken oder Aussagen immer wieder auftauchen. Schreiben hilft da auch. Mach eine Liste von Überzeugungen, die irgendwie negativ klingen. Fang einfach an mit: „Ich kann das nicht", „Ich bin nicht gut genug", „Das wird niemals klappen". Diese Dinge sind quasi der Boden, auf dem deine Selbstbegrenzung gedeiht.

Du hast also diese Kernüberzeugungen aufgeschrieben – super. Was jetzt? Jetzt wird's interessant. Du stellst diese Überzeugungen in Frage. Gib ihnen nicht stillschweigend Recht. Für jede dieser Überzeugungen fragst du dich: „Ist das wirklich wahr?" „Kann es sein, dass das nur meine verzerrte **Wahrnehmung** ist?" Ja, das geht. Stell dir vor, du bist ein Detektiv, der Beweise sammelt.

Und das führt uns zur Beweissammlung-Technik. Klingt irgendwie schwerer als es ist. Du sollst für jede selbstbegrenzende Überzeugung systematisch **Beweise** suchen, die sie widerlegen. Zum Beispiel: Denkst du, du schaffst es nicht, regelmäßig zum Sport zu gehen? Sammle Beweise aus deinem Leben, die das Gegenteil zeigen – vielleicht warst du schon mal konsequent in einem anderen Bereich? Oder du hast doch schon mal 'ne Zeit lang etwas Diszipliniertes durchgezogen.

Mach dir Notizen, schreib diese Beweise wirklich auf. Sie aufzuschreiben hilft dir, sie in deinen Kopf zu bekommen. Der Effekt wird umso stärker. Du baust systematisch dein inneres Bild um. Von „Ich kann nicht" zu „Ich hab das doch schon mal gemacht". Klingt machbar, oder?

Und ganz ehrlich, diese Technik hilft auf vielen Ebenen. Es ist wie ein **Sidekick**, der dir immer wieder deine Fähigkeiten zeigt. Stell es dir wie ein Buch vor - jedes Mal, wenn du einen aufbauenden Beweis findest, füllst du eine Seite im Buch deiner Erfolge. Mit der Zeit wird dieses Buch dicker und deine selbstbegrenzenden Überzeugungen werden weniger und weniger.

Diese Arbeit ist wichtig - du baust deine mentale **Resilienz** gegen diese inneren Kritiker auf. Self-Check: Fühlst du dich besser, wenn du daran denkst? Klar, dass es nicht über Nacht klappt. Aber eins nach dem anderen. Jedes kleine Stückchen bringt dich dem großen Ziel näher. Selbstdisziplin und Erfolg hängen ja stark davon ab, wie kräftig dein mentaler Rahmen ist. Also, mach los, und fang an Beweise zu sammeln!

Später kommen wir zu anderen Schritten, wie den Tipps für tägliche Routinen und so weiter, aber immer langsam. Bis jetzt kümmerst du dich erst mal um dein mentales Telegramm… so wie es funktionieren muss, entspannt und schrittweise. Klein geht halt auch - so ist es nun mal.

Praktische Übung: Tagebuchführung zur Einstellungsänderung

Finde einen **selbstlimitierenden Glaubenssatz**, der mit Selbstdisziplin zu tun hat. Jeder hat so einen. Vielleicht glaubst du, dass du einfach nicht genug Disziplin hast, um regelmäßig Sport zu treiben oder eine Diät durchzuhalten. Schreib diesen Glaubenssatz auf. Das ist deine Ausgangsbasis.

Nun sammelst du **Beweise**, die diesen Glaubenssatz widerlegen. Mach dich auf die Suche nach kleinen Anhaltspunkten, die zeigen, dass dieser Glaubenssatz nicht die ganze Wahrheit ist. Gab es Zeiten, in denen du diszipliniert warst? Was war anders? Diese Beweise müssen keine Wahnsinnsleistungen sein. Auch kleine Momente zählen.

Jetzt formulierst du eine alternative, **stärkende Glaubensaussage**. Lass uns den negativen Gedanken umformen. Statt "Ich habe keine Selbstdisziplin" könntest du schreiben "Ich kann diszipliniert sein, wenn ich mich auf meine Ziele einlasse." Diese neue Aussage sollte dich ermutigen und positiv stimmen.

Liste spezifische **Handlungen** auf, die mit dem neuen Glauben übereinstimmen. Überlege, welche Aktivitäten zu dieser neuen Glaubensaussage passen. Vielleicht heißt das, jeden Morgen fünf Minuten zu meditieren oder am Sonntag deinen Essensplan für die Woche zu erstellen. Such nach machbaren, klaren Aktionen.

Führe täglich **Tagebuch** über Erfahrungen, die den neuen Glauben unterstützen. Das mag nach Overkill klingen, aber es wirkt Wunder. Nimm dir am Ende des Tages ein paar Minuten Zeit, um aufzuschreiben, wie du heute im Einklang mit deinem neuen Glauben gehandelt hast. Diese Übung hilft, den neuen Glauben zu festigen.

Notiere Fälle, in denen du nach dem neuen Glauben gehandelt hast. Sieh, wie sich das Blatt zu deinen Gunsten wendet. Schreib jedes Mal auf, wenn du **diszipliniert** gehandelt hast. Es könnte der Tag sein, an dem du dem Drang widerstanden hast, fernzusehen, und stattdessen ein Buch zur Hand nahmst. Alles zählt, ob klein oder groß.

Reflektiere wöchentlich über Veränderungen in Gedanken und Verhalten. Einmal die Woche, vielleicht am Sonntagabend, schaust du zurück auf die letzten Tage und überprüfst deine **Fortschritte**. Bist du motivierter? Fühlst du dich stärker, Neues anzupacken? Diese Reflexion hilft dir zu verstehen, wo du stehst und wie sich die Dinge verbessert haben.

Passe deinen Ansatz basierend auf deinen Reflexionen an und mach einen Monat lang weiter. Passieren Fehler? Kein Problem. Wenn du merkst, dass eine Methode nicht funktioniert, änderst du sie einfach. Vielleicht stellst du fest, dass du eher abends als morgens meditative Übungen bevorzugst. Das ist völlig in Ordnung. Du wirst sehen, wie du dich innerhalb eines Monats **transformierst**.

Die Kunst liegt darin, das Ganze locker und entspannt anzugehen, aber trotzdem dranzubleiben. Diese Schritte helfen dir, alte, hinderliche Glaubenssätze loszuwerden und durch positive, stärkende zu ersetzen. Es ist, als würdest du einen neuen inneren Dialog entwickeln, der dir Kraft gibt, diszipliniert zu bleiben.

Die Praxis der Tagebuchführung muss keine Stunden in Anspruch nehmen; manchmal reichen schon zehn Minuten am Tag. Stell dir vor, du setzt dich mit einem Stift und Papier hin, vielleicht in einem gemütlichen Sessel, und lässt deine Gedanken fließen. Es sorgt nicht nur für Klarheit, sondern stärkt auch deinen Geist.

Viele Menschen haben ähnliche Muster der Selbstlimitierung; der Unterschied liegt darin, wer sie erkennt und daran arbeitet. Es kann manchmal anstrengend sein, aber die Ergebnisse können dich umhauen. Du entwickelst eine höhere Selbstdisziplin, was sich in allen Lebensbereichen widerspiegelt. Mach das zu einer regelmäßigen Praxis, und du wirst sehen, wie die Saat des neuen Glaubens zu sprießen beginnt. Bleib am Ball!

Zum Schluss

Dieses Kapitel hat dir dabei geholfen, ein **diszipliniertes Mindset** zu entwickeln, um deine Ziele zu erreichen und Hindernisse zu überwinden. Es hat wertvolle **Techniken** und **Strategien** vorgestellt, die dich auf diesem Weg unterstützen. Lass uns noch einmal anschauen, was du gelernt hast:

In diesem Kapitel hast du dich mit dem Konzept der kognitiven Verzerrungen und ihrer Auswirkung auf die **Selbstdisziplin** beschäftigt. Du hast gelernt, wie du negative **Denkmuster** erkennst und herausforderst, die deine Disziplin untergraben können. Die Technik des "Gedankenstoppens" wurde dir vorgestellt, um selbstzerstörerische Gedanken zu unterbrechen. Außerdem hast du den Einfluss von **Selbstgesprächen** auf Verhalten und **Motivation** kennengelernt und erfahren, wie du wirksame, persönliche **Affirmationen** erstellst, die disziplinierte Verhaltensweisen stärken.

Ich hoffe, du wendest die hier vorgestellten Techniken in deinem Alltag an. Mit diesem Wissen bist du besser gewappnet, um **Herausforderungen** zu meistern und deine **Ziele** zu verwirklichen. Glaub an dich selbst und du wirst erstaunt sein, was du alles auf die Beine stellen kannst!

Kapitel 8: Resilienz und Durchhaltevermögen aufbauen

Hast du dich je gefragt, wie manche Menschen scheinbar mühelos durch die härtesten Zeiten gehen? Ich auch! Die gute Nachricht: Ich hab ein paar **Antworten** gefunden, und du kannst sie ebenfalls lernen. In diesem Kapitel erfährst du, wie du echte mentale **Härte** entwickelst.

Stell dir vor, du stehst vor einer **Herausforderung**, die dich total überfordert. Ich kenne das Gefühl – hatte ich oft genug selbst. Aber weißt du was? Genau hier lernst du nicht nur aufzustehen, sondern auch weiterzugehen.

Denk mal drüber nach: **Rückschläge** sind eigentlich nur ein Sprungbrett für den nächsten Erfolg. Klingt verrückt? Wart's ab! Ich zeig dir, wie du aus **Stress** Kraft schöpfen kannst. Hier geht's nicht nur um Widerstandskraft – es geht um echtes **Durchhaltevermögen**.

Keine Sorge, du bist nicht allein. Mit praktischen Übungen und Aktivitäten stärken wir gemeinsam deine **Mentalität**. Es wird zwar eine spannende Reise, aber sie lohnt sich auf jeden Fall. Also, bist du bereit, dein inneres **Stehaufmännchen** zu entdecken? Dann lass uns loslegen!

Mentale Stärke durch Herausforderungen entwickeln

Stress-Impfung – was für ein Wort, oder? Du fragst dich jetzt bestimmt, was das genau bedeutet und wie es dir beim Aufbau mentaler Stärke helfen kann. Einfach gesagt, Stress-Impfung ist wie eine Impfung gegen Stress. Stell dir vor, du setzt dich bewusst kleineren stressigen Situationen aus, um dich an größere **Herausforderungen** zu gewöhnen. Es ist wie beim Sport, nur dass du hier deinen Kopf trainierst. Du weißt ja, dass Muskeln stärker werden, wenn man sie trainiert. Genauso funktioniert das mit dem Gehirn. Je öfter und bewusster du dich Stress aussetzt, desto besser wirst du damit umgehen können.

Aber klar, niemand erwartet von dir, dass du sofort ins kalte Wasser springst. Nein, das Geheimnis liegt darin, die **Exposition** schrittweise zu erhöhen. Fang klein an. Nimm dir Herausforderungen vor, die zwar stressig sind, aber noch machbar. Stell dir folgende Szenarien vor: Mal weniger Zeitdruck bei einem Projekt, schwierige Gespräche üben oder dich in ungewohnte soziale Situationen begeben. Baby-Schritte führen dich Stück für Stück zum Erfolg.

Allmählich wirst du feststellen, dass die Dinge, die früher stressig für dich waren, jetzt zur Routine werden. Und wenn du dich den größeren Brocken stellst, wirst du feststellen, dass du besser damit klarkommst. Es ist wie beim Spazierengehen auf einem unebenen Pfad – anfangs schwierig, aber je öfter du es machst, desto sicherer wirst du auf deinen Füßen.

Ein anderer wichtiger Punkt ist die Technik der **Komfortzonenerweiterung**. Jeder von uns lebt in einer gewissen Komfortzone, einem Bereich, in dem wir uns sicher und wohlfühlen. Aber dort passiert nicht viel Aufregendes, oder? Um wirklich weiterzukommen, musst du diese Zone erweitern.

Unangenehm? Klar. Aber so wichtig. Fang damit an, kleine **Risiken** einzugehen und Dinge zu tun, vor denen du ein wenig Angst hast.

Nimm als Beispiel jemanden, der Höhenangst hat. Beginne mit kleinen Schritten. Geh auf ein höheres Haus als gewöhnlich, dann vielleicht auf einen Aussichtsturm und irgendwann, wer weiß – vielleicht sogar Fallschirmspringen! Natürlich klingt das erstmal verrückt, aber der Mechanismus bleibt der gleiche. Jedes Mal, wenn du etwas Unangenehmes tust und überstehst, wächst dein **Selbstvertrauen**.

Frag dich einfach, was du tun kannst, um deine Komfortzone heute ein wenig zu erweitern. Vielleicht ein ungewohnter Weg zur Arbeit, ein nettes Gespräch mit einer Kollegin, die du nicht gut kennst, oder eine neue Sportart ausprobieren. Wichtig ist: Du wächst mit jeder kleinen Auseinandersetzung mit deinen Ängsten.

Und weißt du was? Jeder kleine Sieg zählt. Diese kleinen Schritte und Erfolge summieren sich. Bald wirst du feststellen, dass du nicht mehr so leicht aus der Fassung gerätst. Du wirst in der Lage sein, größere **Herausforderungen** mit Ruhe und Gelassenheit anzugehen. Das Gefühl, deine eigenen Ängste zu überwinden und stärker herauszukommen, ist wie ein Rausch, wenn es einmal funktioniert.

Kurz gesagt, mit Stress-Impfung und der Komfortzonenerweiterung hast du zwei mächtige Werkzeuge in der Hand, um deine mentale Stärke zu trainieren. Setz dich Herausforderungen aus, wachse daran und erweitere deinen Komfortbereich. Mit der Zeit wirst du nicht nur **widerstandsfähiger**, sondern auch selbstbewusster und bereit für alles, was das Leben dir entgegenwirft. Glaub mir, es ist eine Reise, die sich definitiv lohnt.

Du fragst dich vielleicht jetzt, wo genau du anfangen solltest? Kein Problem - fang einfach damit an, dir täglich kleine Herausforderungen zu setzen. Stapelbare Erfolge sind das Ziel. Bleib dran und sieh zu, wie deine mentale Robustheit wächst!

Sich von Rückschlägen erholen

Misserfolg. Ein Thema, an dem du ungern herumtüftelst, aber es ist so wichtig für deine Entwicklung. Es ist entscheidend, dass du Misserfolge nicht als Endstation betrachtest, sondern als **Lernchance**. Warum? Na ja, wenn du jedes Mal aufgibst, wenn etwas schief geht, wirst du nie wirklich weiterkommen.

Misserfolge bieten dir wertvolle **Einblicke**. Du kannst dir an den Kopf fassen oder sie vermeiden wollen, aber sie haben tatsächlich einiges zu bieten. Denk mal drüber nach: Jeder Rückschlag zeigt dir, was nicht funktioniert hat. Das ist Gold wert! Diese Erkenntnisse sind der Schlüssel, um es das nächste Mal besser zu machen.

Ein toller Ansatz, um aus Misserfolgen zu lernen, ist die **Analyse**. Füße hoch, Nase in die Probleme stecken und genau hinschauen. Was ist schief gelaufen? Was hättest du anders machen können? Diese Fragen helfen dir, wertvolle Lektionen herauszukitzeln. Mach dir eine Liste, setz dich hin und überlege:

• Definiere das Problem.

• Identifiziere die Handlungsschritte, die dich zu diesem Punkt geführt haben.

• Überlege dir alternative Wege, wie du das Problem hättest umgehen können.

Es fühlt sich anfangs nicht großartig an. Niemand freut sich darauf, über seine Fehler nachzudenken. Aber hey, es geht nicht ums Hadern. Es geht darum zu **wachsen** und es besser zu machen.

Weiter im Text: Die "drei gute Dinge" **Technik**. Diese Methode ist leicht und wirkungsvoll. Sie hilft dir, in schweren Zeiten den Blick für das Positive nicht zu verlieren. Jeden Abend schreibst du drei Dinge auf, die gut gelaufen sind. Es kann eine kleine Nettigkeit sein,

ein Lächeln, das du bekommen hast, oder einfach nur, dass du dich heute gut ernähren konntest.

Wieso funktioniert das? Na ja, du trainierst quasi dein Hirn um. Statt immer nur auf das Schlechte zu achten, fängst du an, das Gute zu sehen. Und das hält dein Einfühlungsvermögen für positive Erlebnisse scharf.

Um das alles zu verbinden: Stell dir vor, du hast gerade einen großen **Rückschlag** erlebt. Klar, du kannst darüber sauer sein. Aber nimm dir ein wenig Zeit, darüber nachzudenken, was du daraus lernen kannst – diese Reflexion könnte der Schlüssel zu deinem nächsten Erfolg sein. Mach eine systematische Analyse, um wertvolle Lektionen zu sichern.

Nach alledem: Halt nicht an deinen Misserfolgen fest. Lass sie zu Lektionen werden, arbeite daran und bleib positiv. Nutze die "drei gute Dinge" Technik, um dein **Mindset** stark zu halten. Das machst du nicht nur für heute, sondern auch für dein zukünftiges Ich. Großartig, oder?

Denk daran: Rückschläge sind Teil des Weges, also nutze sie zu deinem Vorteil.

Die Kraft der Ausdauer

Was genau ist **Grit** und warum ist es so wichtig für langfristigen **Erfolg**? Grit ist im Grunde eine Mischung aus **Ausdauer** und Leidenschaft. Es geht darum, an einem Ziel festzuhalten, auch wenn's mal hart auf hart kommt. Stell dir vor, du gehst joggen, obwohl es wie aus Eimern schüttet und saukalt ist. Das ist Grit. Es zeigt, dass du bereit bist, Anstrengungen und Hindernisse wegzustecken, um dein Ziel zu erreichen. Damit pushst du deine Leistung und bleibst langfristig am Ball. Ohne Grit verlierst du schnell die Lust und wirfst die Flinte ins Korn, sobald es knifflig wird. Viele Erfolgsgeschichten basieren nicht auf Talent, sondern auf Grit. Diese Leute haben stetig geschuftet und sich von Rückschlägen nicht aus der Bahn werfen lassen.

Wie entwickelst du aber diesen Grit? Am Anfang steht die **Wachstumsmentalität**. Statt zu glauben, dass deine Fähigkeiten in Stein gemeißelt sind, denk daran, dass du dich verbessern kannst. Wenn du auf die Nase fällst, sieh es als Chance zum Lernen. Es geht darum, dir zu sagen: "Ich kann mich verbessern, ich kann über mich hinauswachsen." Wenn du auf Hürden stößt, betrachte sie nicht als Niederlage, sondern als **Herausforderung**, an der du wachsen kannst. Das hilft dir, am Ball zu bleiben und weiterzukämpfen, auch wenn's zäh wird.

Ein Sprung ins kalte Wasser kann dabei Wunder wirken. Klar, es wird nicht immer ein Zuckerschlecken sein, aber wichtig ist, dass du es anpackst. Jeder Fehltritt zeigt dir, wie du's beim nächsten Mal besser machst. So stärkst du dein Durchhaltevermögen. Um diese Wachstumsmentalität zu fördern, setz dir kleine Ziele, die dich fordern, aber nicht überfordern. Wenn du kleine Erfolge feierst, motiviert dich das, die größeren Brocken anzugehen.

Jetzt aber zur Strategie der **„kleinen Erfolge"**. Große Aufgaben können einen erschlagen. Du verlierst die Puste, weil du nur das große Ganze siehst und denkst, dass du's nie schaffst. Zerlege die großen Aufgaben in kleine, machbare Schritte. Diese kleinen Erfolge zu feiern, gibt dir den Kick weiterzumachen. Es ist wie beim Erklimmen eines hohen Berges. Schritt für Schritt kommst du ans Ziel, nicht mit einem Riesensprung.

Mach es dir zur Gewohnheit, deine kleinen Erfolge bewusst wahrzunehmen. Diese kleinen Siege summieren sich – vor allem für dein Selbstbewusstsein. Mit jeder kleinen Aufgabe, die du abarbeitest, fühlst du dich ein Stück weit stärker. Gönn dir ruhig was für diese kleinen Erfolge, sei es durch einen gemütlichen Abend oder eine andere kleine Geste, die dir ein Lächeln aufs Gesicht zaubert.

Kleine Schritte zu machen bedeutet auch, aus Fehlern zu lernen und dabei selbst die kleinsten **Fortschritte** zu würdigen. Und vergiss nicht – alles zählt. Jeder Schritt, egal wie winzig, ist ein Fortschritt auf deinem Weg zu deinem großen Ziel.

Wenn mal wieder alles den Bach runterzugehen scheint, mach einen kleinen Schritt zurück und frag dich: Was hab ich heute auf die Reihe gekriegt? Jeder gelöste Schritt zählt als Erfolg. So behältst du die **Motivation** und bleibst bei der Sache, auch wenn's mal holprig wird.

Also, sieh Hindernisse als das, was sie sind: als Chancen zu wachsen. Und denk daran, dass kleine Schritte großen Erfolg bedeuten. Indem du am Ball bleibst und kleine Erfolge feierst, erreichst du schließlich deine großen **Ziele**.

Techniken zur Stressbewältigung

Du liest ja viel über **Stress** und was er alles an starken Auswirkungen auf deinen Körper haben kann. Chronischer Stress ist ein echter Feind, wenn's darum geht, deine **Selbstdisziplin** aufrechtzuerhalten und kluge Entscheidungen zu treffen. Und immer diese Anspannung in den Nackenmuskeln oder das nervöse Zucken im Auge – kennst du, oder?

Wenn du ständig unter Stress stehst, gibt dein Körper andauernd **Stresshormone** wie Cortisol und Adrenalin frei. Das kann deinen Stoffwechsel total durcheinanderbringen und die Gedächtnisleistung beeinträchtigen – ganz zu schweigen von dem psychischen Stress. Gestresst strebst du oft nach schneller Linderung und greifst, ohne groß nachzudenken, zu den ungesunden Snacks oder verschiebst das, was gerade wirklich wichtig ist. Schlussendlich schaffst du es einfacher, eine Entscheidung halbfertig hinzuknallen, statt sorgfältig abzuwägen. Der Grund?

Weil Stress dich dummerweise dazu bringt, das Einfachste oder Bequemste zu wählen, nicht unbedingt das Beste.

Aber um Stress effektiv zu managen, musst du erstmal wissen, was dich eigentlich so fertig macht. Also, was sind deine persönlichen **Stressauslöser**? Vielleicht ist es die laute Nachbarschaft oder der ständige Mail-Hammer im Job. Trägst du manchmal gleich alles auf den Schultern rum und hast die dringenden To-dos der Deadlines nie im Griff?

Gewöhne dir an, **Checklisten** zu führen oder Tagebuch zu schreiben, um deine Stressauslöser zu identifizieren. Hab einfach den Blick auf dich selbst – und sei ehrlich dabei. Bemerke, wie du auf bestimmte Situationen reagierst und wie dein Körper und Geist sich ändern. Schrei deine Frustrationen hinaus oder mach lange Spaziergänge in der Natur. Gerade braucht jeder 'ne andere Strategie – finde deine und halte dich daran.

Und wie wäre es, gleich mal überhaupt nicht bei Stress rasant auszuflippen? Mit der **Boxatmung** kannst du selbst in stressintensiven Phasen schneller runterkommen. Ziemlich simpel, aber super wirksam: die Boxatmung.

Kurze Anleitung dazu: Stell dir ein Viereck vor. Atme ein für vier Sekunden, halte den Atem für vier Sekunden, atme aus für vier Sekunden, und halte den Atem wieder für vier Sekunden. Mach das ein paar Runden, bis du merkst, dass deine Gedanken sich beruhigen und dein Herz die Sprint-Geschwindigkeit auf Marathon-Pace verlangsamt.

Was daran so toll ist: Es ist herrlich simpel! Du kannst es jederzeit, überall machen. Aber pass auf, das solltest du auch wirklich tun, nicht nur jetzt als Tipp lesen und dann nie! Nirgendwo – ob am Büroschreibtisch oder in der Schlange beim Einkaufen.

So, ob du nun zuhause planst oder **Boxatmung** in hektischen Momenten anwendest – das sind Sachen, die dir helfen können, dich entspannter und gelassener zu fühlen. Stress kann dir ständig begegnen, aber du hast nun Werkzeuge an der Hand, damit er dir nicht dein Leben bestimmt. Wie cool ist das? So kannst du Stress wegpusten, Schritt für Schritt, **Baustein** für Baustein.

Denn am Ende bist du es, der das Ruder in der Hand hat – also immer gut auf dich achten und heiter sortiert bleiben!

Praktische Übung: Aktivitäten zur Stärkung der Resilienz

Such dir ein **herausforderndes**, aber erreichbares **Ziel** außerhalb deiner Komfortzone. Also, schnapp dir eine Sache, die du spannend findest, aber dich auch ein bisschen nervös macht. Vielleicht einen neuen Sport anfangen oder ein kreatives Projekt starten - eben was, das dir ein bisschen Bammel macht, aber du schon immer mal ausprobieren wolltest.

Zerlege das Ziel in kleine, überschaubare Schritte. Eine große Aufgabe wirkt oft erschlagend. Es ist deshalb clever, sie in kleine **Häppchen** zu unterteilen. Möchtest du zum Beispiel einen Marathon laufen? Cool, dann fang doch einfach mal damit an, regelmäßig kurze Strecken zu joggen. Ein Schritt nach dem anderen!

Verpflichte dich, jeden Tag eine kleine Aufgabe für eine Woche zu erledigen. Das Ding ist, Kontinuität ist der Schlüssel. Und um das hinzukriegen, reicht es, dass du dir für eine Woche vornimmst, kleine Aufgaben täglich anzupacken. Bleiben wir beim Beispiel Marathon: Deine Schritte können sein, täglich fünf Minuten mehr zu laufen.

Schreib über deine **Erfahrungen**, Emotionen und gelernten Lektionen nach jedem Schritt. Tagebuch führen klingt vielleicht old-school, kann aber echt helfen. Notier, was dir leicht gefallen ist, was schwierig war und welche Gefühle hochgekommen sind.

Warum? So reflektierst du deine Entwicklung und siehst Fortschritte viel deutlicher.

Überleg dir deinen **Fortschritt** und pass deinen Ansatz nach Bedarf an. Deinen Plan zu ändern ist völlig okay. Hast du gemerkt, dass täglich fünf Minuten mehr Jogging zu krass sind? Kein Ding! Mach vielleicht nur an drei Tagen je fünf Minuten mehr und an den anderen zwei Tagen ein bisschen Stretching. Flexibilität ist nicht nur für Yoga gut.

Erhöhe nach und nach die **Schwierigkeit** deiner täglichen Herausforderungen. Kommst du mit deinen kleinen Schritten schon gut klar? Dann kannst du den Schwierigkeitsgrad ruhig ein bisschen hochschrauben. Das Ziel ist, aus der Komfortzone rauszukommen, ohne dich komplett zu überfordern. Also, anstatt fünf Minuten mehr zu joggen, warum nicht mal zehn Minuten mehr?

Feiere deine **Erfolge** und analysiere deine Rückschläge für Wachstumschancen. Ja genau, du darfst es richtig krachen lassen – auch bei kleinen Erfolgen! Das zeigt dir, dass sich die ganze Mühe lohnt. Und keine Angst vor Rückschlägen. Sie sind keine Niederlage, sondern Lehrstunden. Wo bist du gestolpert und warum? Welche Lehren kannst du daraus ziehen? Meistens verstecken sich nämlich die besten Lektionen in den Rückschlägen.

Setz diesen Prozess für einen Monat fort, um deine **Resilienz** und Komfortzone zu erweitern. Einen Monat dranbleiben ist das Ziel. Das festigt neue Gewohnheiten und macht sie quasi zur zweiten Natur. Am Monatsende wirst du nicht nur stolz auf die gemeisterten Herausforderungen sein, sondern auch ein deutliches Bild darüber haben, wie sehr deine Komfortzone gewachsen ist. Stück für Stück wirst du widerstandsfähiger und belastbarer.

Zum Schluss

Dieses Kapitel hat dir eine Menge **wichtiger Erkenntnisse** und **Techniken** vermittelt, die dir helfen können, deine **mentale Stärke** und **Widerstandsfähigkeit** zu entwickeln. Lass uns die Hauptpunkte kurz zusammenfassen:

Du hast gelernt, dass **Stressimpfung** bedeutet, dein Gehirn langsam an schwierige Situationen zu gewöhnen, um deine mentale Widerstandskraft aufzubauen. Es ist super wichtig, dass du lernst, wie du Rückschläge analysierst und als Chancen zum Lernen nutzt, damit du in Zukunft besser gewappnet bist.

Kleine Erfolge sind dein Freund! Sie helfen dir, motiviert zu bleiben und stetig an deinen Zielen zu arbeiten. Vergiss nicht, dass chronischer Stress deine Selbstdisziplin echt beeinträchtigen kann. Deshalb solltest du coole Techniken wie "Boxatmung" anwenden, um den Stress in Schach zu halten.

Ein echt nützlicher Ansatz ist die **Komfortzonenerweiterung**. Damit kannst du systematisch deine Ängste in den Griff kriegen und dein Selbstvertrauen pushen.

Jetzt liegt der Ball in deinem Spielfeld! Setz das Gelernte in die Tat um. Stell dich Herausforderungen mit **Mut** und nutze die Techniken, um deine mentale Widerstandskraft jeden Tag zu stärken. So rockst du langfristig dein Leben und fühlst dich dabei richtig selbstbewusst!

Kapitel 9: Die Rolle der körperlichen Gesundheit bei der Selbstdisziplin

Fühlst du dich oft **müde** oder unmotiviert? Ich kenne dieses Gefühl nur zu gut. In diesem Kapitel entdeckst du, wie unsere körperliche **Gesundheit** deine Willenskraft stärkt. Hier tauchen wir in eine spannende Welt ein, die voller **Energie** steckt.

Egal ob du mehr **Disziplin** im Alltag erreichen willst oder einfach fitter sein möchtest – hier bist du genau richtig. Stell dir vor, du könntest mit einem kleinen Gesundheitsplan deine ganze Welt auf den Kopf stellen. Klingt unglaublich? Lass dich überraschen!

Ich habe selbst viel über gesundheitsbezogene Selbstdisziplin gelernt und möchte nun meine Erkenntnisse mit dir teilen. Du wirst erfahren, wie richtige **Ernährung**, genug **Schlaf** und regelmäßige **Bewegung** deinen Geist trainieren können. Du könntest bald erleben, wie ein klarer Kopf und ein fitter Körper dein Leben prägen.

Gesundes Essen schmeckt nicht nur lecker, sondern sorgt auch für Energie. Stell dir vor, was regelmäßige Bewegung für dein **Durchhaltevermögen** bewirken kann! Schlaf ist nicht nur erholsam, sondern auch ein Booster für deinen Geist. In diesem Kapitel bekommst du Tipps und Beispiele, die du ganz easy umsetzen kannst. Bist du bereit für diesen kleinen Umbruch in deinem Leben? Dann lass uns gemeinsam durchstarten!

Ernährung und ihr Einfluss auf die Willenskraft

Ach, der **Blutzuckerspiegel**. Hat mehr Einfluss auf dein Gehirn als du denkst. Wenn dein Blutzuckerspiegel niedrig ist, wirst du träger und kannst dich schwerer konzentrieren. Und ich sag dir, das hat alles mit deinem **Energielevel** und der kognitiven Funktion zu tun. Je weniger Energie dein Gehirn hat, desto schwieriger fällt es, sich zu fokussieren und Entscheidungen zu treffen. Und weißt du was? Das passiert auch schneller, als du "Zeit für einen Snack" sagen kannst!

Aber es gibt gute Nachrichten. Du kannst tatsächlich eine **ausgewogene Ernährung** gestalten, die für anhaltende Energie und Fokus sorgt. Kein Hexenwerk. Einfach logisch. Fang klein an, such dir Lebensmittel aus, die nicht nur schnell Energie liefern, sondern auch nachhaltig sind. Denk an Vollkornprodukte, Obst, Gemüse, gesunde Fette – wie in Nüssen und Avocados – und magere Proteine. Diese Dinge halten dich länger satt und verhindern Blutzuckerspitzen und -abfälle. Stell dir das Essen wie einen langsamen, stetigen Fluss vor, der Gehirn und Körper kontinuierlich nährt.

Wie? Naja, überleg zum Beispiel **Frühstück** mit Haferflocken, Beeren und einem Löffel Joghurt. Mittag können beispielsweise Quinoa-Salat mit gegrilltem Gemüse und Huhn sein. Ein Snack am Nachmittag? Klar, eine Handvoll Nüsse und ein Apfel. Abendessen? Lachs, Süßkartoffeln und ein bunt gemischter Salat. Einfach kombinieren. Und noch simpler wird's mit der „Teller-Methode" – hab Geduld, ich erkläre es dir.

Die „**Teller-Methode**" bedeutet tatsächlich, wie du Lebensmittel auf deinem Teller arrangierst. Denk mal dran wie an ein visuelles Werkzeug, um deine Mahlzeiten auszugleichen. Stell es dir so vor: Halbiere deinen Teller. Die eine Hälfte wird vollgepackt mit Gemüse oder Salat. Die andere Hälfte teilst du nochmals. In das eine

Viertel kommen Proteine, wie Fleisch oder Tofu. In das andere Viertel kommen komplexe Kohlenhydrate, etwa brauner Reis oder Vollkornbrot. So kriegst du's hin: wohlfühlen, keinen Hunger und stabilen Blutzuckerspiegel.

Und was bringt das ultimativ? Mehr **Willenskraft**. Dein Körper hat dann konstantere Energie und dein Gehirn bekommt den „Treibstoff", den es braucht. Schluss mit Heißhungerattacken und Nebel im Kopf. Klingt cool, oder?

Aber warte – ja, Verletzungen können passieren. Planungsfehler halt. Doch du merkst, eine ausgewogene Ernährung unterstützt dein Ziel. Pass auf, wie du reagierst, wenn dein Blutzuckerspiegel okay ist. Das hilft jetzt wirklich. Als Hilfe einfach gucken, spise genug **Ballaststoffe** und Proteine bei jeder Mahlzeit.

Weißt du, Erfolge kommen Stück für Stück. Mit etwas Planung fühlt sich gesunde Ernährung nicht wie langweilige Routine an. Mehr wie ein Werkzeug – kann deinen Alltag verbessern.

Nimm' diese Tipps mit. Mit etwas Übung kommt das Leichtigkeit – Ernährung und **Willenskraft** – Hammer Team.

Sport als Disziplin-Booster

Hey, wusstest du schon, dass **Bewegung** wie ein Wunder für dein Gehirn sein kann? Regelmäßiger Sport hat echt 'ne krasse Wirkung auf deine Stimmung und deine kognitiven Funktionen. Wenn du **trainierst**, schüttet dein Körper glücklich machende Chemikalien wie Endorphine und Dopamin aus – ja, echt jetzt, du wirst dich tatsächlich fröhlicher fühlen! Diese Neurochemikalien wirken praktisch wie natürliche Stimmungsaufheller. Endorphine reduzieren den Stress und helfen dir, dich entspannter zu fühlen. Dopamin ist dagegen super wichtig für deine **Motivation** und Aufmerksamkeit. Deswegen fühlst du dich nach 'ner Runde Joggen oder 'ner guten Session im Fitnessstudio oft viel fokussierter und klarer im Kopf, ist dir das schon aufgefallen? Außerdem verbessert regelmäßiger Sport die Durchblutung deines **Gehirns**, was dafür sorgt, dass mehr Sauerstoff und Nährstoffe in dein Hirn gelangen. Win-win-Situation, oder?

Um wirklich von den Vorteilen der Bewegung zu profitieren, ist es wichtig, eine **Trainingsroutine** zu finden, die zu dir passt. Hier kommt der coole Part – es gibt keine Einheitslösung. Du musst herausfinden, was du wirklich magst. Stehst du drauf, draußen zu sein und zu laufen? Oder bist du eher der Typ fürs Fitnessstudio mit Gewichten und Geräten? Es kommt echt darauf an, was dir Spaß macht. Und ja, Spaß ist wichtig! Denn machst du etwas, das dir **Freude** bereitet, wirst du viel eher dranbleiben.

Hier ein paar Tipps, wie du deine Trainingsroutine nachhaltig gestalten kannst:

• Wähle Aktivitäten, die dir Spaß machen: Wenn du Tanzen liebst, dann mach doch ein Tanzworkout. Stehst du auf Yoga? Perfekt, nimm das in deinen Plan auf.

• Starte klein: Fang mit zwei bis drei Sessions pro Woche an und steigere dich, wenn du dich damit wohlfühlst.

• Sei flexibel und höre auf deinen Körper: Du musst nicht jeden Tag dasselbe machen. Mix dir deinen Plan aus verschiedenen Aktivitäten zusammen, damit es nie langweilig wird.

• Finde eine Routine: Der wohl wichtigste Aspekt ist Regelmäßigkeit. Streu deine Workouts in deinen Alltag ein – vielleicht vor der Arbeit oder direkt danach. Das lässt sich leichter vereinbaren, als wenn du es irgendwann mal machen möchtest.

Weißt du, was dir extrem helfen kann, um die Bewegung wirklich zur **Gewohnheit** werden zu lassen? Die "Gewohnheitsschleife"-Technik. Hier sind ein paar Tricks, wie du das für dein Training anwenden kannst:

- Auslöser: Identifiziere Auslöser in deinem Alltag, die dich an dein Workout erinnern. Vielleicht ist es der Anblick deines Sportoutfits, das neben dem Bett liegt, oder dein Trainingsgerät, das mitten im Wohnzimmer steht.

- Routine: Das ist die eigentliche Tätigkeit, also dein Workout. Halte es einfach und strukturiert, damit du gar nicht erst überlegen musst, was du tust. Ein Beispiel: Mach immer drei Runden eines Zirkels mit Kraftübungen.

- **Belohnung**: Gönn dir was nach deinem Training. Vielleicht deinen Lieblingsshake oder 'ne heiße Dusche – was immer dir gut tut. Auch wichtig: die allgemeine Zufriedenheit durch den Hormoncocktail, den du dir durch die Bewegung geliefert hast.

So wirst du merken, dass es viel einfacher wird, Bewegung als festen Bestandteil in deinen Alltag zu integrieren und auch beizubehalten. Schließlich zählt jeder Schritt – im wahrsten Sinne des Wortes.

Schlafoptimierung für geistige Klarheit

Weißt du, wie sich deine **Schlafqualität** auf deine Entscheidungsfindung und Impulskontrolle auswirkt? Echt krass, sag ich dir. Bist du müde, bist du fast wie jemand, der kaum noch klar denken kann. Du triffst leichter schlechte Entscheidungen, fühlst dich gereizt und tust Dinge, die du normalerweise vermeiden würdest. Kennst du das, wenn du nach einer durchwachten Nacht aufs Sofa sinkst und Chips verschlingst? Dein **Gehirn** ist dann einfach nicht in der Lage, die richtigen Signale zu senden.

Aber keine Sorge: Mit guter **Schlafhygiene** kannst du all das verbessern. Lass uns mal schauen, wie du eine effektive Routine erstellst, die deinem Körper signalisiert, dass es Zeit ist, runterzufahren. Zuerst mal: Feste Schlafenszeiten. Geh immer um die gleiche Zeit ins Bett und steh zur gleichen Zeit auf, auch am Wochenende. Dein Körper steht total auf Routinen. Eine gemütliche **Abendroutine** hilft dir ebenfalls. Vielleicht ein warmes Bad, ein Buch lesen oder sanfte Musik – all das bereitet dich aufs Schlafen vor.

Vergiss auch nicht dein **Schlafzimmer**! Dunkel, kühl und ruhig sollte es sein. Du kennst das bestimmt, wenn zu viel Licht oder Lärm dir den Schlaf rauben. Aber was du vielleicht nicht so genau weißt – elektronische Geräte strahlen blaues Licht aus, das deinen Schlafrhythmus durcheinanderbringen kann. Also Handy weg, mindestens eine Stunde vor dem Schlafen.

Und jetzt zu einem Trick, der echt Wunder bewirken kann: progressive **Muskelentspannung**. Klingt kompliziert, ist aber total easy. Fang bei den Zehen an: Spann sie an, halt die Spannung für ein paar Sekunden und lass dann wieder los. Das machst du dann Schritt für Schritt in deinem ganzen Körper. Füße, Beine, Bauch, Arme... eh du dich versiehst, bist du total entspannt. Stell dir vor, du wärst eine gekochte Nudel, so locker, dass deine Anspannung einfach wegschmilzt.

Interessanterweise kann diese Technik auch in anderen Situationen helfen, stressige Meetings zum Beispiel. Und dann legst du den Kopf aufs Kissen, schiebst alle **Gedanken** weg, die dich wachhalten, und versuchst abzuschalten.

Du wirst sehen, diese kleinen Änderungen können deinen Schlaf einfach mega verbessern und dir damit mehr geistige **Klarheit** geben. Also, mach dich bereit für erholsame Nächte! Tu es für deinen Kopf und Körper, du wirst es nicht bereuen!

Die Geist-Körper-Verbindung bei der Selbstkontrolle

Kennst du das Konzept der **verkörperten Kognition**? Es bedeutet, dass unser Denken nicht nur im Kopf passiert – es ist eng mit unserem Körper verbunden. Unsere physischen Zustände können unsere mentale Stärke beeinflussen. Wie oft hast du nach einer langen Nacht, in der du schlecht geschlafen hast, schlechte Entscheidungen getroffen? Das liegt eben an dieser Geist-Körper-Verbindung.

Um **Selbstdisziplin** wirklich anzuwenden, musst du verstehen, dass dein Körper und Geist zusammenarbeiten. Dein körperliches Befinden kann direkt beeinflussen, wie gut du dich konzentrieren kannst oder ob du Versuchungen widerstehst. Also, wenn du dich müde oder angespannt fühlst, könntest du eher zu alten, schlechten Gewohnheiten zurückfallen.

Und da kommt die **Körperhaltung** ins Spiel. Stell dir vor, du gehst mit hängenden Schultern und gesenktem Kopf. Allein das kann dir das Gefühl geben, weniger Kontrolle zu haben. Aber wenn du die Schultern zurückrollst und den Kopf hebst, schickt dein Körper Signale an dein Gehirn, dass du stark und sicher bist.

Eine Technik, die ich mega hilfreich finde, ist die sogenannte "**Power Pose**". Hast du je davon gehört? Das ist, wenn du dich wie ein Superheld hinstellst: Beine auseinander, Hände in die Hüften gestemmt oder weit nach oben gestreckt. Du fühlst dich vielleicht zunächst albern, aber es wirkt wirklich Wunder. Studien zeigen, dass eine solche Haltung das Selbstbewusstsein steigern und das Stresslevel senken kann.

Aber du musst das nicht nur machen, wenn sensationelle Momente kommen. Nutze es im Alltag. Meeting vor dir? Power Pose. Schwierige Entscheidung zu treffen? Power Pose. Selbst morgens vor dem Spiegel macht es einen Unterschied. Du kannst nicht nur dein **Sicherheitsgefühl** verstärken, sondern tatsächlich auch deine Fähigkeit, selbstdiszipliniert zu sein. Je mehr du das übst, desto natürlicher spiegeln dein Körper und Geist Stärke und Selbstkontrolle wider.

Es gibt auch kleine Tipps, die zur Geist-Körper-Verbindung beitragen und wirklich leicht umzusetzen sind. Hier sind einige, die du probieren könntest:

• Atme tief ein: Ein paar tiefe Atemzüge können Wunder bewirken, indem sie deine Nerven beruhigen und deinen Kopf klären.

• Spann kurz alle Muskeln an: Einmal alles anspannen und dann loslassen führt dazu, dass du dich erfrischt und erneuert fühlst.

• Ein kurzes Strecken: Regelmäßiges Strecken kann die Durchblutung verbessern und deinem Kopf helfen, wach und klar zu bleiben.

Des Weiteren kannst du auf deine **Körpersprache** achten. Sie kann dich auf eine positive Art und Weise beeinflussen. Ihr Einfluss ist nicht zu unterschätzen.

Also, das Wichtigste zu merken ist wirklich: Dein Körper ist nicht einfach nur ein Gefäß. Er spielt aktiv mit deinem **Geist** zusammen, und beide beeinflussen sich gegenseitig. Nutze diese Verbindung, um deine Selbstdisziplin zu stärken und dann zu festigen. Wenn du das einmal tief verinnerlicht hast, stehen dir viele Türen offen – natürlich nur bildlich gesprochen.

Praktische Übung: Erstellung eines ganzheitlichen Gesundheitsplans

Lass uns mit der **Bewertung** deiner aktuellen Gewohnheiten in Ernährung, Bewegung und Schlaf beginnen. Nimm dir einen Moment Zeit, um ehrlich zu analysieren, wie du in diesen drei Bereichen gerade dastehst. Wie sieht dein **Essensplan** normalerweise aus? Bist du jemand, der gerne Fast Food isst, oder achtest du eher auf frische Zutaten und ausgewogene Mahlzeiten? Und wie oft bewegst du dich wirklich? Ist **Bewegung** ein fester Bestandteil deines Alltags? Schließlich dein Schlaf – kommst du jede Nacht auf die empfohlenen 7-9 Stunden, oder bist du oft müde und unausgeruht?

Jetzt, wo du deinen Ist-Zustand kennst, setzt du dir spezifische und messbare **Ziele** für jeden Bereich deiner körperlichen Gesundheit. Wie wäre es damit, für die Ernährung ein Ziel von mindestens fünf Portionen Gemüse und Obst am Tag zu setzen? Für Bewegung könntest du dir vornehmen, dreimal die Woche eine halbe Stunde zu joggen, intensives Fitnesstraining zu machen oder vielleicht Yoga. Was den Schlaf angeht, könntest du versuchen, in den nächsten Wochen jede Nacht mindestens 8 Stunden Schlaf einzuplanen. Kleine Schritte helfen, überhaupt große Fortschritte zu machen!

Erstelle dann einen wöchentlichen **Ernährungsplan**, der deine neuen Ernährungsziele unterstützt. Überlege, was du gerne isst und wie sich das an die neuen Ziele anpassen lässt. Vielleicht möchtest du montags und mittwochs Salattage einlegen, donnerstags ein neues Fischgericht probieren und sonntags eine selbstgemachte Vollkornpizza genießen. Mach es abwechslungsreich und schmackhaft!

Dann entwickle eine **Trainingsroutine**, die realistisch zu deinem Zeitplan und deinen Vorlieben passt. Es bringt nichts, einen Plan zu erstellen, den du nicht durchziehen kannst. Bist du ein Morgenmensch? Dann plan dein Workout vielleicht vor der Arbeit ein. Falls du lieber nach der Arbeit trainierst, um den Tag ausklingen zu lassen, kannst du das auch abends in deinen Tagesablauf einbauen. Beobachte, welche Art von Bewegung dir wirklich Freude bereitet. Es sollte Spaß machen, also probier Verschiedenes aus – Joggen, Schwimmen, Tanzen oder sogar Spaziergänge in der Natur.

Nun kommen wir zum **Schlafplan**. Etabliere eine konsistente Schlafroutine, indem du zur selben Zeit ins Bett gehst und aufstehst. Mach es dir gemütlich mit einem Buch oder einer Tasse beruhigenden Tees. Ein fester Schlafrhythmus kann Wunder bewirken. Gerade diese Routine in den Griff zu bekommen, ist ein wichtiger Punkt für mehr Wohlbefinden.

Dann setze deinen Plan für zwei Wochen um. Halte jeden Tag deinen **Fortschritt** fest – sei es in einem Tagebuch, einer App oder einfach nur auf einem Kalender an der Wand. Notiere, was du gegessen hast, wie du trainiert hast und wie viel Schlaf du bekommen hast. Es ist motivierend zu sehen, wie du Stück für Stück deinem Ziel näher kommst!

Beurteile nach den zwei Wochen, wie sich deine neuen Gewohnheiten auf deine Energie, deinen Fokus und deine Selbstdisziplin auswirken. Fühlst du dich wacher? Kannst du dich besser konzentrieren? Bist du produktiver und weniger geneigt, dich ablenken zu lassen? Notiere deine Beobachtungen.

Abschließend passe deinen Plan basierend auf deinen Erkenntnissen an und setze ihn für einen weiteren Monat fort. Vielleicht musst du hier oder da nachbessern – das ist normal! Sei nicht scheu, ein paar Dinge umzustellen – versuche, den Plan so anzupassen, dass er perfekt zu dir passt und deine **Gesundheitsziele** optimal unterstützt.

Viel Spaß bei dieser praktischen Übung!

Fazit

In diesem Kapitel hast du die wichtige **Rolle** der physischen **Gesundheit** in Bezug auf Selbstdisziplin kennengelernt. Du hast erfahren, wie du **Ernährung**, **Bewegung** und **Schlaf** optimieren kannst, um deine Selbstkontrolle und Willenskraft zu stärken. Auch der Zusammenhang zwischen Körper und Geist wurde beleuchtet, damit du ein ganzheitliches Verständnis von Selbstdisziplin entwickeln kannst.

Du hast gesehen, wie eine ausgewogene Ernährung deine Willenskraft unterstützt und welchen Einfluss regelmäßige Bewegung auf deine kognitive Funktion und Stimmung hat. Außerdem hast du gelernt, inwiefern eine gute Schlafqualität deine Entscheidungen und Impulskontrolle beeinflusst. Sogar deine Körperhaltung und Gesten können deine geistige Verfassung und Selbstkontrolle beeinflussen - spannend, oder?

Um alle Aspekte der physischen Gesundheit zu verbessern, hast du Tipps bekommen, wie du einen ganzheitlichen **Gesundheitsplan** erstellen kannst. Mit diesen Erkenntnissen bist du bestens gerüstet, um deine eigene körperliche Gesundheit als Mittel zur Verbesserung der **Selbstdisziplin** zu nutzen.

Denk daran, kleine, konsistente Schritte zu machen und deine neuen Routinen in den Alltag zu integrieren. So wirst du langfristig mehr **Willenskraft** und Energie haben, um deine Ziele zu erreichen. Mach weiter so und lass dich nicht entmutigen! Du schaffst das!

Kapitel 10: Emotionale Regulation und Selbstdisziplin

Kennst du das **Gefühl**, in einem emotionalen Chaos zu stecken? Du bist nicht allein. Viele von uns haben Momente, in denen die **Emotionen** einfach überhandnehmen. Hier, in diesem Kapitel, erzähle ich dir, wie du diese emotionalen Dramen meisterst und sie sogar zu deinem Vorteil nutzt.

Manchmal fühlst du dich verloren in deinen Gefühlen, nicht wahr? Aber denk mal nach, was wäre, wenn du deine **Emotionen** tatsächlich **kontrollieren** und in Richtung deiner **Ziele** lenken könntest? In diesem Kapitel zeige ich dir, wie das geht. Stell dir vor, du hättest die totale **Kontrolle** über deine Gefühle! Klingt unglaublich? Ja, aber es ist möglich.

Zusammen werden wir einfache **Übungen** und **Techniken** durchgehen, die dir helfen, emotionale Auslöser zu erkennen und zu bewältigen – und du wirst sehen, wie deine emotionale **Intelligenz** sprunghaft wächst. Also, mach dich bereit: Es wird spannend!

Emotionale Auslöser erkennen und bewältigen

Na gut, **emotionale Intelligenz**, was ist das eigentlich? Einfach ausgedrückt: Es geht darum, deine eigenen **Gefühle** zu verstehen und damit umzugehen. Und wenn du das bei anderen auch noch hinkriegst, dann bist du echt gut dabei. Emotionale Intelligenz hilft dir nicht nur in sozialen Situationen, sondern ist auch superwichtig, wenn's um **Selbstdisziplin** geht.

Aber warum? Naja, wenn du deine Gefühle gut im Griff hast, sabotierst du dich weniger selbst. Stell dir vor, du bist wütend, und anstatt in dein kühles Zimmer zu gehen und dich zu beruhigen, greifst du nach der Schokolade. Da hat die Wut gewonnen und deine (geplante) Diät hat verloren. Mit emotionaler Intelligenz lernst du, solche Momente besser zu erkennen und anders zu reagieren.

Wie bekommst du das hin? Ein emotionales **Auslöser-Tagebuch** kann echt helfen. Schreib jeden Tag auf, wenn du starke Gefühle hattest. Egal ob Wut, Trauer oder Nervosität. Und dann schau genauer hin: Was hat das Gefühl ausgelöst? Welche Situation? Oder welche Person? Vielleicht war deine Chefin super kritisch oder der Stau hat dich genervt. Wichtig ist, du erkennst **Muster**. Denn wenn du die Auslöser kennst, kannst du besser reagieren.

Das Tagebuch muss nicht kompliziert sein. Mach es einfach:

• Datum

• Gefühl (kurz: wütend, traurig, gestresst)

• Auslöser (was genau ist passiert?)

• Reaktion (was hast du gemacht?)

• Gedanken (was ging dir im Kopf herum?)

Und am Ende der Woche oder des Monats, schau mal drüber. Was fällt dir auf? Gibt es wiederkehrende Situationen? Das **Bewusstsein** darüber ist der erste Schritt.

Und jetzt kommt's. Was tun, wenn die Gefühle hochkochen? Manchmal kannst du dich drauf vorbereiten, manchmal eben auch nicht. Hier hilft die **STOP-Technik**. Kurz und knackig:

- Stop: Halt! Einfach stopp sagen. Und das ist wörtlich gemeint. Ein augenblicklicher Break, bevor du überreagierst.

- Atme ein: Hol tief Luft. Drei, vier Mal. Das beruhigt sofort und gibt dir ein kleines Zeitfenster, klarer zu denken.

- Beobachte: Schau, was los ist. Was fühlst du? Was passiert um dich herum? Versuche zu verstehen, was dich gerade triggert. Besonders hilfreich: Stell dir vor, dass eine Kamera die Situation filmt. Was würde man sehen?

- Weiter: Geh einen Schritt zurück und denke, womit kannst du die Situation jetzt meistern? Welcher ist der sinnvolle nächste Schritt?

Klingt einfach, ist aber super effektiv. Stell dir vor, du stehst im Stress. Dein Kollege hat einen dummen Kommentar gemacht und du kochst vor Wut. STOP – kurz innehalten. Atme ein. Ein, zwei, drei... Beobachte, okay, was passiert hier? Ist es wirklich der Kommentar, oder staut sich schon länger was auf? Und... Weiter. Anstatt laut zu werden, wie wäre es mit: „Ich gehe jetzt kurz raus und komme gleich wieder."?

Die Technik kannst du auch in ruhigeren Momenten üben. So wird sie wie ein **Automatismus** in Stresssituationen. Wie beim Training im Fitnessstudio: Übung macht den Meister.

Zusammengenommen... Emotionale Intelligenz hilft dir, schlau mit deinen Gefühlen umzugehen. Das Tagebuch gibt dir Einblicke, und mit STOP hast du ein nützliches Werkzeug zur Hand, intense Momente besser zu managen. Nächstes Mal, wenn du das Zuckerzeug in der Hand hast, probier's mal aus!

Techniken zur emotionalen Selbstkontrolle

Du kennst das bestimmt: Manchmal scheint es unmöglich, deine eigenen **Gefühle** unter Kontrolle zu halten. Aber keine Sorge, mit ein paar Tricks kannst du das locker schaffen. Fangen wir mal mit dem Aufbau eines Emotions-Vokabulars an.

Es ist echt wichtig, die richtigen Worte für verschiedene **Emotionen** zu kennen. Und warum? Weil es dir hilft, genauer zu kapieren, was in dir abgeht. Wenn du einfach nur "sauer" sagst, verpasst du die feinen Unterschiede wie genervt, frustriert oder sogar beleidigt. Diese Genauigkeit bringt dich weiter, weil du dadurch dein Selbstbewusstsein pushst. Man kann halt nicht managen, was man nicht benennen kann, oder? Also schnapp dir ein paar Bücher, Apps oder Listen und peppe dein Vokabular auf. Glaub mir, das öffnet dir neue Türen im Kopf und macht dich fit im Umgang mit deinen eigenen Gefühlen.

Ein kleiner Tipp von mir: Führe ein **Tagebuch**. Schreib auf, wie du dich fühlst. Jeden Tag. Du wirst baff sein, wie viele verschiedene Begriffe du brauchst, um deine Emotionen richtig zu beschreiben.

Nächster Punkt: Kognitive Neubewertung. Klingt kompliziert, ist aber eigentlich ganz easy. Stell dir vor, du steckst in einer blöden Situation. Anstatt in Panik zu verfallen oder gleich das Schlimmste zu denken, kannst du bewusst deine **Perspektive** ändern. Zum Beispiel, du steckst im Stau und bist spät dran. Nervig, klar. Aber anstatt auszuflippen, könntest du es als willkommene Pause sehen, um kurz abzuschalten. Ich nenne das gerne Mindset-Switch. Diese Neubewertung verwandelt deine emotionale Reaktion von Stress in eine Chance zur Entspannung.

Ein anderes Beispiel: Dein Chef meckert an dir rum und du bist enttäuscht. Klar, das fühlt sich erstmal mies an. Aber wenn du dir denkst: "Hey, das ist 'ne Chance zu lernen und zu wachsen", ändert sich deine **Stimmung**. Manchmal sind es nur kleine Gedankenschritte, die Riesenwellen schlagen können. Übung macht den Meister.

Weiter geht's mit einer anderen Technik: Emotionales Distanzieren. Das hört sich im ersten Moment an, als müsstest du zum Roboter werden – keine Panik, es geht nicht darum, kaltherzig zu werden! Es bedeutet einfach, einen Schritt zurückzutreten und die Lage von außen zu betrachten. Stell dir vor, du bist ein **Beobachter** deines eigenen Lebens. So wirst du unabhängiger von deinem akuten Gefühl und siehst klarer.

Hier ein cooler Trick: Stell dir vor, du wärst dein bester Kumpel oder deine beste Freundin in dieser Situation. Was würdest du dir raten? Da kommen oft viel entspanntere und vernünftigere Gedanken bei raus. Meine Lieblingsübung hier ist: Einmal tief durchatmen und fragen: "Okay, was genau passiert hier gerade? Warum fühle ich so?". Oft wird man schon allein durch diesen Moment der **Reflexion** ruhiger und klarer.

Das war's erstmal mit den Techniken. Jeder Mensch tickt anders und was für den einen super funktioniert, muss nicht unbedingt für den anderen passen. Probier einfach rum und finde raus, welche Methode dein Herz erobert. Es ist ein Prozess, kein Hokuspokus. Dein **Geist** wird immer stärker, je mehr du trainierst. Bleib am Ball!

Emotionen als Motivation nutzen

Manchmal, wenn draußen alles hektisch ist und dein innerer Konfuzius nachgibt, kannst du deine **Gefühle** gezielt als Antrieb nutzen. Es spielt keine Rolle, ob du dich gut oder schlecht fühlst – beides kann hilfreich sein, wenn du es klug einsetzt. Positive und negative Gefühle lassen sich wie **Energieriegel** verwenden.

Wenn du glücklich bist, bist du vielleicht motivierter. Läuft alles glatt? Klasse! Nutze diese Stimmung, um produktiv zu sein. Stell dir vor, du hast einen guten Morgen... dann gibt's nichts Besseres, als diese heftige positive Energie zu nehmen und damit direkt durch deine **Aufgaben** zu fliegen. Aber was, wenn du sauer bist oder es ein Misttag war? Na klar, genau diese negativen Emotionen können auch dein Antrieb sein. Ja, es ist verrückt, aber deine schlechten Gefühle können dir helfen, härter zu arbeiten und stärker zu sein.

Es ist wie beim Brennholz: Gutes Holz brennt, aber feuchtes Holz hält dich länger warm. Schlechte Emotionen können langfristig effektiver sein. Wenn du einen miesen Tag hast, könnte das deinen Geist dazu bringen, wirklich hart durchzusprinten – um diese Gefühle zu überstehen. Es gleicht einem **Sturm**, der durch dein Inneres fegt, während du deine alltäglichen Sachen machst. Es baut Druck ab, erleichtert die Seele und hilft dir, Aufgaben zu bewältigen.

Du kannst auch gezielt emotionale **Anker** setzen. Zum Beispiel, denk an einen Triumph von früher, bei dem du richtig stolz warst. Vielleicht der Moment, in dem du dein Ziel erreicht hast, nach all der Arbeit. Oder einfach der echt coole Moment, als du überraschend Gewicht verloren oder ein lobendes Feedback bekommen hast. Mach dir diese Anker zu eigen. Dasselbe gilt aber auch für weniger angenehme Erinnerungen – der Rückblick auf Enttäuschungen kann wie **Treibstoff** wirken. Hast du mal großen Mist gebaut und willst alles, nur nicht wieder einen solchen Fehler machen? Diesen Moment holst du dir zurück – er färbt unterbewusst deine Entscheidungen und Handlungen.

Zusätzlich zur Nutzung deiner eigenen Emotionen kannst du die Technik der zukünftigen **Selbstvisualisierung** verwenden. Einfach gesagt, du stellst dir vor, wie du dich fühlen wirst, sobald du dein Ziel erreicht hast. Stell dir das Glück, den Stolz oder die Erleichterung vor. Kein kompliziertes Gedöns, einfach eben: Imaginiere dein zukünftiges Ich, das die Lorbeeren einheimst und alle Erwartungen erfüllt. Ebenso stellst du dir jedoch mal die

Unannehmlichkeiten vor, die du bei einfacher Trägheit kurzfristig vermeiden willst – also die Leere, Ablehnung oder Schande beim Scheitern. Hey, aber das Selbst, das diszipliniert war und gehackt hat, will doch keiner sein!

In einfachen Worten: Es ist gut, sich sowohl die positiven als auch die negativen Folgen deiner zukünftigen Entscheidungen vor Augen zu führen. Kommt zum Beispiel eine **Prüfung**, und du läufst Gefahr, zu spät mit dem Lernen anzufangen? Visualisiere dein zukünftiges Ich – beim stolzen Feiern, nachdem alles gut gelaufen ist, oder beim wütenden Ärgernis im Falle eines Misserfolgs. So übernimmst du **Verantwortung** für dich selbst.

Entwicklung emotionaler Intelligenz

Emotionale Intelligenz hat vier wichtige **Bestandteile**: Selbstbewusstsein, Selbstmanagement, soziale Bewusstheit und Beziehungsmanagement.

Selbstbewusstsein ist der Anfang von allem. Es geht darum, dass du deine eigenen **Emotionen** und deren Einfluss verstehst. Frag dich öfter, wie du dich gerade fühlst. Wenn du aufwachst, sei ehrlich zu dir selbst: Bist du sauer, gestresst, glücklich? Dieses Verständnis ist der erste Schritt, um deine Gefühle besser zu steuern.

Kommen wir zum Selbstmanagement. Du hast Selbstbewusstsein, schön und gut. Aber das bringt nichts ohne die Fähigkeit zur **Selbstkontrolle**. Wenn du wütend bist, wie reagierst du dann? Der Schlüssel ist, nicht impulsiv zu handeln. Atme tief durch, geh eine Runde spazieren oder finde einen ruhigen Platz zum Nachdenken. Ergreif immer wieder Maßnahmen, um ruhig zu bleiben - das verlangt Disziplin, klar, aber es funktioniert.

Oder nimm soziale Bewusstheit. Zu wissen, was in dir vorgeht, ist super, aber es ist ebenso wichtig, andere wahrzunehmen. **Menschen lesen zu können** - das ist wichtiger als du vielleicht denkst. Praktiziere aktives Zuhören. Wenn jemand mit dir spricht, dann nicke nicht nur und denk an dein eigenes Zeug. Hör wirklich zu. Welche Emotionen liest du in der Stimme oder Mimik der Person? Das hilft dir gewaltig dabei, empathischer und sozial bewusster zu werden.

Das führt uns zum letzten Bestandteil: **Beziehungsmanagement**. Nachdem du nun weißt, was in dir und anderen abgeht, wie gehst du damit um? Gute Beziehungen sind kein Zufall. Du musst aktiv daran arbeiten. Zeig Verständnis für die Sichtweisen anderer. Sei zugänglich und verlässlich. Persönliche Bindungen aufzubauen ist wohl eine der schwierigsten Herausforderungen - aber es lohnt sich.

Um **Empathie** und soziale Bewusstheit zu verbessern, übe aktives Zuhören. Ja, ich rede viel darüber, aber es ist wirklich wichtig. Besonders, wenn du jemand bist, der leicht abgelenkt wird. Schau der Person in die Augen, nicke nicht nur, aber gib Rückmeldungen wie: "Das klingt schwierig" oder "Ich kann verstehen, dass dich das nervt." Das zeigt, dass du wirklich bei der Sache bist und die Gefühle des anderen ernst nimmst.

Und was auch super ist: Die Technik des "**Emotionen** benennens". Das heißt, du nennst die Emotion, die du fühlst. Klingt simpel, aber glaub mir, es hilft richtig. Anstatt zu sagen, "Ich hab' einen schlechten Tag", sag etwas wie, "Ich fühl mich heute wirklich gestresst." Das bringt Klarheit und erleichtert es, Maßnahmen zu ergreifen. Zudem verstehst du so besser, was bei dir emotional los ist.

Fassen wir das in einer konkreten Situation zusammen: Du fühlst dich sauer, merkst das dank deinem **Selbstbewusstsein**. Durch's Selbstmanagement atmest du tief durch oder schreibst deine Gedanken auf, statt die Wut rauszulassen. Aktives Zuhören und Empathie helfen dir, das Verhalten anderer besser zu verstehen und zu reagieren, was soziale Bewusstheit widerspiegelt. Schließlich sorgst du durch gutes Beziehungsmanagement dafür, dass Meinungsverschiedenheiten nicht eskalieren.

Emotionale Intelligenz zu entwickeln, ist keine Aufgabe von einem Tag. Es ist ein **Prozess**. Denk dran, immer schrittweise vorzugehen und dich selbst nicht zu hart zu kritisieren. An deinen Emotionen zu arbeiten lohnt sich und macht dich zu einem widerstandsfähigeren und disziplinierteren Menschen.

Praktische Übung: Emotionsverfolgung und Reaktionsplanung

Okay, stell dir vor, du beginnst diese Übung und nimmst sie **wirklich** ernst. Los geht's!

Erstelle ein **Emotionsprotokoll**. Führe eine Woche lang Buch über deine täglichen Gefühle. Morgens, mittags, abends - schreib einfach auf, wie du dich fühlst. Zufrieden? Genervt? Glücklich? Kein Hexenwerk, oder?

Nach dieser Woche schaust du dir deine Notizen nochmal an. Was fällt dir auf? Siehst du **Muster**? Vielleicht Stress vor Meetings oder Langeweile am Nachmittag? Achte auf die Auslöser und wie es dir danach geht. Ganz pragmatisch.

Jetzt wählst du drei **emotionale Herausforderungen** aus, die häufig vorkommen. Das kann alles Mögliche sein: Ungeduld beim Warten, Wut im Stau oder Frust im Büro. Was nervt dich am meisten?

Entwickle einen **Reaktionsplan**. Überlege dir, wie du besser damit umgehen kannst. Hast du einen Plan B für den Stau-Frust? Oder eine Abkühl-Strategie für den Job-Stress? Denk dir für jede Herausforderung etwas aus, das dir hilft. Konkret und praktisch.

Jetzt heißt es **üben**, üben, üben! Nerviges Meeting? Mach eine kurze Pause und atme durch. Klappt dein erster Trick nicht? Probier den nächsten!

Reflektiere **täglich**. Wie lief's heute? Was hat geklappt, was nicht? Sei ehrlich zu dir selbst.

Passe deine Pläne an. Wenn etwas nicht funktioniert, ändere es. Sei flexibel und kreativ.

Halte einen Monat durch. Mit der Zeit wirst du merken, wie du **emotional** stärker wirst. Du lernst, besser mit Stress umzugehen und bleibst gelassener.

Und jetzt? Fang einfach an! Beobachte dich selbst und sei geduldig. Mit der Zeit wirst du sehen, wie du immer besser mit deinen Gefühlen umgehen kannst. Viel Erfolg!

Abschließend

Dieses Kapitel hat dir gezeigt, wie **wichtig** es ist, Emotionen zu regulieren und **Selbstdisziplin** zu entwickeln, um persönliche Ziele zu erreichen. Ich habe dir Werkzeuge und Techniken vorgestellt, die dir helfen können, deine **Gefühle** zu verstehen, zu kontrollieren und als **Motivation** zu nutzen.

In diesem Kapitel hast du gelernt, was emotionale **Intelligenz** bedeutet und wie sie dir bei der Selbstdisziplin hilft. Du weißt jetzt, wie du ein Protokoll über emotionale **Auslöser** erstellen kannst, um Muster und häufige Stimuli zu erkennen. Die "STOP"-Technik (Stoppen, Atmen, Beobachten, Voranschreiten) hilft dir, intensive Gefühle zu kontrollieren. Außerdem hast du den Wert eines emotionalen Wortschatzes zur Verbesserung des

Selbstbewusstseins kennengelernt. Schließlich hast du erfahren, wie kognitive Neubewertung genutzt wird, um emotionale Reaktionen auf herausfordernde Situationen zu verändern.

Bleib **dran** und wende das Gelernte an, um deine Emotionen besser zu managen und selbstdisziplinierter zu handeln. Egal welche Herausforderungen vor dir liegen, denk daran: Du hast jetzt das Rüstzeug, um sie zu meistern und deine Ziele zu erreichen. Also Kopf hoch und immer schön am Ball bleiben!

Kapitel 11: Produktivitätstechniken für den disziplinierten Geist

Kannst du wirklich zwei Dinge gleichzeitig tun? Glaub mir, ich hab's versucht, und es war keine gute Idee. In diesem Kapitel zeige ich dir, wie du wirklich **produktiv** wirst. Stell dir vor, du kannst sehr viel erledigen, ohne dich **gestresst** zu fühlen. Klingt gut, oder? Wir sprechen darüber, ob **Multitasking** wirklich effektiv ist oder ob du besser bei einer Aufgabe bleibst.

Und wie sieht's mit kleinen Aufgaben aus? Kennst du die **Zwei-Minuten-Regel**? Ich erkläre dir einen einfachen Trick, der dir helfen kann, kleine Dinge schnell zu erledigen. Dann erfährst du, wie **Batching** dir helfen kann, ähnliche Tätigkeiten zu bündeln. **Technologie**? Richtig benutzt, kann sie dein bester Freund werden – aber nur, wenn du weißt, wie. Am Ende gibt's noch eine praktische Übung: Du machst einen **Produktivitäts-Check** und stellst deinen **Plan** zur Verbesserung auf. Bereit, dein Leben zu ändern? Los geht's!

Einzelaufgaben vs. Multitasking

Wechselst du oft zwischen verschiedenen **Aufgaben** hin und her? Du denkst vielleicht, so könntest du mehr erledigen, aber lass dich nicht täuschen. Es kostet deinen Geist jedes Mal ein bisschen Energie, sich von einer Aufgabe auf eine andere umzustellen. Manchmal schaust du aus dem Fenster und plötzlich ist der Nachmittag schon vorbei. Auch Experten sagen: **Multitasking** kann uns weniger produktiv machen.

Du kennst das wahrscheinlich. Du arbeitest an einem Bericht und plötzlich piept dein Handy. Ein Blick auf die Nachricht, und zack – du bist aus deinem **Fokus** rausgerissen. Selbst wenn du schnell zurück zum Bericht gehst, dauert es eine Weile, bis du wieder im Flow bist. Genau das sind die kognitiven Kosten des Aufgabenwechsels. Dein **Gehirn** braucht einfach Zeit, um sich an eine neue Aufgabe zu gewöhnen. Dieser ständige Wechsel kann also dazu führen, dass du für einfache Aufgaben viel länger brauchst als nötig und am Ende des Tages völlig erschöpft bist, ohne wirklich was geschafft zu haben.

Um aber wirklich effizient zu sein, brauchst du eine fokussierte **Arbeitsumgebung**. Schaff dir einen Platz, wo du dich voll auf nur eine Aufgabe konzentrieren kannst. Ein aufgeräumter Schreibtisch hilft schon mal viel. Entferne alles, was dich ablenken könnte. Mach dein Handy stumm oder leg es in einen anderen Raum. Hast du es schon mal mit Musik ohne Worte versucht? Sachen wie Ambient-Sounds können helfen, deinen Kopf bei der Arbeit zu halten. Probier's einfach mal aus und schau, ob es dir hilft, klarer zu denken.

Dann gibt's da noch das „Task Batching". Echt praktisch, wenn's um ähnliche Aufgaben geht. Stell dir vor, du schreibst E-Mails. Statt sie über den ganzen Tag verteilt zu beantworten, nimm dir eine Stunde und erledige alles auf einen Schwung. Oder setz dir einen festen Block fürs Telefonieren. Das reduziert nicht nur die kognitiven Kosten, sondern gibt dir auch ein gutes Gefühl am Ende des Tages, wenn du eine ganze Liste abhaken kannst. Es gibt dir **Struktur** und spart echt viel Zeit und Energie. Cool, oder?

Ein bisschen Organisation schadet nie. Ein Planer oder eine To-Do-Liste können Wunder wirken. Trenne Persönliches von

Beruflichem und blockiere dir Zeiten dafür. Mit Bullet-Journaling, zum Beispiel, lässt sich so was echt super gestalten.

Falls du dich dennoch immer wieder bei Ablenkungen erwischst, versuch's mit kurzen **Pausen**. Arbeite fokussiert für eine bestimmte Zeit, sagen wir 25 Minuten, und gönne dir dann 5 Minuten, um mal durchzuatmen oder eine Runde um den Block zu gehen. Diese Methode, auch bekannt als Pomodoro-Technik, kann dir helfen, laserfokussiert zu bleiben und gleichzeitig regelmäßige Pausen zu genießen.

Im Großen und Ganzen fährst du besser mit Einzelaufgaben. Schaff dir eine Umgebung, die Einzelaufgaben ermöglicht und nutze Techniken wie Task Batching, um effektiv zu bleiben. Erlaub dir keine Ablenkungen, und deine **Produktivität** wird sprunghaft ansteigen. Das Ganze klingt so einfach, oder? Aber es erfordert Disziplin und ein bisschen Geduld, bis du dich dran gewöhnt hast. Glaub mir, es lohnt sich. Nichts fühlt sich besser an als ein ruhig und effizient abgearbeiteter Tag!

Die Zwei-Minuten-Regel für kleine Aufgaben

Manchmal ist es einfach zu verlockend, kleine **Aufgaben** auf später zu verschieben, oder? Aber warte mal, da gibt's einen Trick, der dir helfen kann. Man nennt es die Zwei-Minuten-Regel. Die Idee ist super einfach: Wenn du eine Aufgabe in zwei Minuten oder weniger erledigen kannst, mach sie sofort. Du ahnst gar nicht, wie psychologisch befreiend es sein kann, kleine Aufgaben schnell zu **erledigen**. Komm mit, ich zeig dir, wie dieser einfache Trick wahre Wunder wirken kann.

Fangen wir damit an, wie du kleine Aufgaben erkennen und kategorisieren kannst. Ein guter Startpunkt wäre dein E-Mail-Posteingang. Welche E-Mails kannst du in zwei Minuten beantworten oder archivieren? Oder überleg mal, was in deinem täglichen Leben vorkommt. Dinge wie das Abräumen des Tisches, den Mülleimer leeren oder eine kurze Nachricht zurückschreiben – all das sind echte Kandidaten für die Zwei-Minuten-Regel. Tipp: Merk dir einfach alle **Aufgaben**, für die du nur wenige Minuten brauchst.

Jetzt zum Prinzip "mach es jetzt". Dieser Ansatz hilft wirklich dabei, dass sich nicht plötzlich ein Haufen kleiner Aufgaben ansammelt und dir über den Kopf wächst. Beispiel gefällig? Angenommen, du kommst von der Arbeit nach Hause, und da stehen deine Schuhe einfach mitten im Flur rum. Wenn du sie sofort wegräumst, dann hast du eine Kleinigkeit sofort erledigt. Hättest du gewartet, würde sich dieser kleine Haufen vielleicht irgendwann in einen Schuhladen verwandeln. Übertrieben? Vielleicht. Aber stell dir vor, all die kleinen, kurzen Aufgaben häufen sich an. Daraus wird recht schnell ein Bündel größerer **Probleme**, die dich überwältigen können.

Die psychologische Wirkung, sofort Kleinigkeiten abzuhaken, darfst du echt nicht unterschätzen. Durch das schnelle Erledigen dieser Kleinigkeiten gibst du deinem Gehirn kleine Schübe der Erfüllung. Zusammengefasst heißt das: Sofortige Ergebnisse führen zu einem kleinen Glücksgefühl. Und wer mag das nicht, oder? Es gibt dir das Gefühl, **produktiv** zu sein und steigert auch deine Laune. Fühlst du dich motiviert und hast getane Dinge hinter dir, macht dich das effizienter bei größeren, wichtigen Aufgaben.

Ein Kollege von mir schwört darauf. Er nennt es "die Macht der kleinen Dinge". Oft hat er mich daran erinnert, kleine Aufgaben nicht einfach zu lassen. "Mach es jetzt", sagte er, "du wirst dir später selbst danken." Und weißt du was? Er hat verdammt nochmal recht. In der Zeit, in der wir diskutierten, philosophierten und überlegten, hätten wir zehn E-Mails beantwortet, den Mülleimer geleert und den **Kalender** für die Woche organisiert. Einfach dadurch, dass man kleine Aufgaben sofort angeht.

Ein toller Tipp, den ich gelernt hab, geht um tägliche **Routinen**. Nimm dir morgens ein paar Minuten Zeit und überlege, was du alles innerhalb zwei Minuten wegräumen oder durchführen kannst. Ob kurze Antworten auf E-Mails oder eine kleine Aufräumaktion – diese Minuten-Stücke summieren sich und machen den Tag strukturierter und angenehmer.

Also, großer Tipp für den Alltag – schau nicht weg, wenn es um Kleinaufgaben geht. Vergiss nicht die Zwei-Minuten-Regel. Einfach machen, sofort erledigen und dadurch deinen Tag ein Stück **stressfreier** gestalten. Glaub mir, es wird einen merkbaren Unterschied machen. Geh mit dem Mantra "mach es jetzt" durch deinen Tag und sei gespannt, wie es dein **Leben** einfacher macht.

Ähnliche Aktivitäten bündeln

Ständig zwischen **Aufgaben** hin und her zu springen kann echt an deiner Substanz zehren. Das nennt man Kontextwechsel. Stell dir vor, du isst Spaghetti und Pizza gleichzeitig. Nicht so lecker, oder? Genauso fühlt sich dein Kopf, wenn du versuchst, eine E-Mail zu beantworten, während du an einem Bericht schreibst. Jedes Mal, wenn du die **Tätigkeit** wechselst, braucht dein Gehirn 'ne Weile, um sich anzupassen. Das verbraucht mentale Energie und deine **Konzentration** sinkt. Am Ende des Tages bist du platt und hast das Gefühl, nix wirklich geschafft zu haben. Deshalb kann's echt helfen, ähnliche Tätigkeiten zu bündeln.

Wenn du ähnliche Aufgaben zusammenfasst, kannst du die sogenannte kognitive Belastung minimieren. Klingt kompliziert, bedeutet aber einfach nur, dass dein Gehirn weniger unterschiedliche Sachen verarbeiten muss. Stell dir vor, du hast zehn E-Mails zu beantworten. Anstatt alle fünf Minuten zu deinem Posteingang zu wechseln, könntest du dir 'ne Stunde blocken und alle E-Mails auf einmal beantworten. Dein Kopf bleibt im "E-Mail-Modus" und du sparst **Energie**. Oder stell dir vor, du erstellst

Grafiken und kümmerst dich um Buchhaltung. Anstatt zwischen diesen krass unterschiedlichen Aufgaben hin und her zu springen, mach erst alle Grafiken und dann alle Buchhaltungsaufgaben.

Es gibt auch 'ne Technik namens "Thementage", die bei der **Organisation** helfen kann. Damit teilst du den Tag oder die Woche in Themenbereiche auf. Zum Beispiel könntest du Montag für Kreativaufgaben, Dienstag für Meetings und projektbezogene Arbeiten und Mittwoch für Routineaufgaben reservieren. So hat dein Gehirn genug Zeit, sich auf einen bestimmten Aufgabentyp einzustellen und bleibt fokussierter. Ist so 'n bisschen wie 'n Menüplan, um Verwirrung zu vermeiden und sich auf's Wesentliche zu konzentrieren.

Außerdem, hast du vielleicht gemerkt, wie oft du den ganzen Tag damit verbringst, E-Mails und Nachrichten zu checken? Stattdessen könntest du dir zwei bestimmte Zeiten am Tag nehmen, zum Beispiel nach dem **Frühstück** und am Nachmittag. So kümmerst du dich um die Kommunikation in festen Zeitfenstern und vermeidest es, ständig unterbrochen zu werden. Das alles kann dazu führen, dass du nicht nur mehr erledigst, sondern dich am Ende des Tages auch besser fühlst.

Zusammengefasst hilft dir das Bündeln ähnlicher Aktivitäten dabei, deinen Tag effizienter zu gestalten. Kein Springen mehr zwischen zig verschiedenen Aufgaben – nur konzentriertes Arbeiten in Blöcken. Weniger Kontextwechsel bedeutet mehr Energie und bessere **Ergebnisse**. Probier's einfach mal aus. Du wirst überrascht sein, wie viel du schaffen kannst, ohne dich ständig ablenken zu lassen. Und falls du doch mal aus der Reihe tanzt... auch nicht schlimm.

Es geht ja letztendlich darum, was für dich am besten **funktioniert**. Spielen, experimentieren und herausfinden – das Leben ist zu kurz, um es sich unnötig schwer zu machen. Viel Erfolg dabei!

Technologie zur Steigerung der Produktivität nutzen

Denk mal an **digitalen Minimalismus**. Dieser Ansatz zielt darauf ab, nur technisch notwendige Elemente zu verwenden, um deine Konzentration zu erhalten. Im Kern geht's darum, weniger abgelenkt zu sein und mehr zu **erreichen**. Verbanne unnötige Apps und beschäftige dich nur mit dem, was du wirklich brauchst. Klingt nach Verzicht, aber tatsächlich gewinnst du damit 'ne Menge Freiraum.

Wenn viele ihre Zeit auf Instagram oder YouTube verplempern, können **produktivere** Aufgaben schnell in den Hintergrund geraten. Willst du mehr auf die Reihe kriegen, lass dich vom digitalen Minimalismus inspirieren. Schrumpf deine Benachrichtigungen auf ein Minimum und schmeiß stumpfsinnige Apps raus. **Fokus** ist King, kapiert?

Dann gibt's da diese ganzen Produktivitäts-Apps. Wahrscheinlich hast du sie auch schon gesehen: Listen-Manager, Kalender, Notiz-Apps und so weiter. Aber die passen nicht alle zu deinem Arbeitsstil, oder? Es geht darum, auszusieben. Konzentrier dich nur auf Apps, die dich wirklich weiterbringen. Ein digitaler **Kalender** könnte zum Beispiel nützlich sein, wenn du auf strukturierte Tagesabläufe stehst. Oder 'ne Aufgabenmanagement-App wie Todoist, falls du'n Listenmensch bist. Probier ein paar aus, aber überlade dich nicht.

Aber wie wählst du die richtige App aus? Klar, es gibt grobe Kategorien, aber entscheidend ist, dass die App zu deiner Arbeitsweise passt. Bist du der Typ, der vieles parallel handhabt, brauchst du vielleicht 'ne Kanban-Tafel wie Trello. Oder fixierst du dich gern auf Details? Dann bieten sich Apps mit speziellen **Funktionen**, wie Notion, an.

Noch 'n Ding – das Technik-Audit. Klingt erstmal hochgestochen, aber es geht einfach darum, deine Technologien zu prüfen und zu vereinfachen. Frag dich mal ehrlich: Welche **Werkzeuge** brauchst du wirklich? Mach 'ne Liste. Und dann? Gut, wirf den Rest über Bord. Wer wirklich fokussiert arbeiten will, kann nicht im Technik-Chaos versinken.

Hier ein paar Dinge, die du prüfen solltest:

• Hast du unnötig viele Apps installiert?

• Welche Apps bringen dich wirklich voran?

• Gibt's Nachrichten, die du unbedingt sofort sehen musst?

• Sind einige deiner Technologien extrem ineffizient?

Natürlich klingt das alles einfach, der Teufel steckt aber im Detail. Start erstmal klein. Fang mit 'nem Technik-Audit an und reduzier störende Elemente nach und nach. Und irgendwann merkst du, dass du **fokussierter** und produktiver bist. Effizienter im Job und mehr Zeit für dich.

Feedback von anderen einzuholen kann auch entscheidend sein. Man ist oft zu betriebsblind, um all die kleinen Störquellen zu erkennen. Feedback hilft, blinde Flecken zu entdecken und zu beseitigen. 'n Kumpel oder Kollege hat vielleicht den einen oder anderen guten Rat zur Rationalisierung.

Am Ende ist es wie mit allem anderen auch – kontinuierliche Anpassung und Evaluation. Stell dich den technologischen Entwicklungen wachsam und scheu dich nicht davor, alte Setups über den Haufen zu werfen. Ein offenes **Mindset**, das ist der Schlüssel.

Und da hast du's. Produktivität durch Technologie, aber eben klug eingesetzt. Also, weg mit den Digital-Zombies in deinem Technikpark und setz nur das ein, was du wirklich brauchst. Fühl dich besser, arbeite effizienter und vielleicht findest du sogar mehr Freude an deiner Arbeit. Viel Erfolg dabei!

Praktische Übung: Produktivitätsaudit und Verbesserungsplan

Schnapp dir ein Notizbuch oder eine App und **protokolliere** eine Woche lang alles, was du den ganzen Tag machst. Von dem Moment, an dem du aufwachst, bis du ins Bett gehst. Klingt nach viel Arbeit, aber keine Sorge – es lohnt sich. Es ist wie das Zählen von Kalorien, nur für deine Zeit. Du wirst überrascht sein, wie viel du tatsächlich machst oder eben auch nicht machst.

Nach dieser Woche schaust du dir die Notizen an. Manchmal ist es verblüffend zu sehen, dass du morgens vielleicht mehr **erledigst** oder dass du ständig von deinem Handy abgelenkt wirst. Ist dir schon mal aufgefallen, dass du nach dem Mittagessen in eine Art Tief fällst? Na ja, das sind die Erkenntnisse, die wir hier suchen.

Jetzt erstellst du eine Liste von allem, was du bereits nutzt, um **produktiv** zu sein. Hast du bestimmte Apps, Timer, vielleicht eine spezielle To-Do-Liste oder sogar Techniken wie die Pomodoro-Methode? Alles kommt auf diese Liste.

Zeit für etwas Ehrlichkeit. Schau deine Liste nochmal an und sei ehrlich mit dir selbst. **Funktionieren** diese Werkzeuge wirklich so gut, wie du denkst? Oder benutzt du sie nur, weil du meinst, du solltest?

Jetzt wird's spannend. Recherchiere ein bisschen! Schau dir neue **Techniken** an, vielleicht eine neue App oder einen anderen Ansatz. Es gibt so viele Videos und Blogs zu dem Thema, dass dir die

Möglichkeiten praktisch in den Schoß fallen. Nimm dir eine Handvoll Sachen, die du ausprobieren willst.

Nun geht's ans Ausprobieren. Jede Woche wählst du eine dieser neuen Techniken aus und setzt sie um. Ein Podcast am Morgen, ein neuer Planer am Nachmittag... was auch immer dir am meisten zusagt. Das ist wie ein **Experimentieren**, nur weniger chaotisch.

Ja, wieder Notizen machen! Schreib dir auf, wie es läuft. Was hat funktioniert? Was nicht? Hat dir diese neue Technik die gewünschte Unterstützung gegeben oder hat sie dich mehr verwirrt?

Am Ende des Monats solltest du eine gute Menge an Informationen haben. Jetzt erstellst du dein eigenes **Produktivitätssystem**. Eine Mischung aus neuen und alten Techniken, die tatsächlich für dich funktionieren. Und das Beste daran? Du hast es selbst erstellt. Ein System, das nur für dich und deine Bedürfnisse abgestimmt ist.

Letztendlich, nimm dir die Zeit, um wirklich zu analysieren, welche Werkzeuge und Strategien dein Leben einfacher und **produktiver** machen – und fang an, ein glücklicheres, besser organisiertes Leben zu leben! 😊

Zum Schluss

Dieses Kapitel hat dir viele **wertvolle** Techniken vorgestellt, um deine **Produktivität** zu verbessern und **Disziplin** zu stärken. Es hat dir gezeigt, wie du mit alltäglichen Aufgaben effizienter umgehen kannst und welche Vorteile das bringt. Am wichtigsten jedoch ist, dass es dir konkrete **Methoden** präsentiert hat, wie du dein tägliches Tun organisieren und optimieren kannst.

In diesem Kapitel hast du den Unterschied zwischen Einzelaufgaben und Multitasking kennengelernt. Du hast erfahren, wie du eine fokussierte **Arbeitsumgebung** erschaffst, die Zwei-

Minuten-Regel für kleine Aufgaben anwendest, ähnliche Aufgaben bündelst und digitale Mittel effektiv nutzt.

Indem du diesen Techniken folgst, kannst du deine **Aufgaben** besser strukturieren, unnötige Ablenkungen vermeiden und deine **Effizienz** erheblich steigern. Jeder kann von diesen einfachen, aber wirkungsvollen Methoden profitieren. Probier es aus und staune, wie **produktiv** du dadurch werden kannst.

Setz das Gelernte um und beobachte, wie deine Fähigkeiten zur Selbstdisziplin und Produktivität wachsen. Ich wünsche dir viel Erfolg dabei!

Kapitel 12: Prokrastination überwinden

Hast du dich jemals gefragt, warum du manche Dinge immer wieder **aufschiebst**? Also, ich schon oft. In diesem Kapitel zeige ich dir, wie du mit ganz einfachen Methoden **Prokrastination** besiegen und **produktiver** werden kannst.

Zuerst geht's darum zu verstehen, was wirklich dahintersteckt, wenn du **Aufgaben** vor dir herschiebst. Warum findest du immer wieder Ausreden, um Dinge später zu erledigen? Manchmal wirken selbst kleine **Herausforderungen** wie riesige Hindernisse – aber keine Sorge, ich führe dich durch alles.

Und dann gibt's diesen coolen Trick: "Eat That Frog". Klingt komisch, aber es **funktioniert** echt gut!

Ein Punkt, den ich gerne anspreche, ist das Aufteilen großer Aufgaben in kleine **Häppchen**. Plötzlich wirkt alles machbar, oder? Es gibt auch tolle Systeme, um dich selbst zur Verantwortung zu ziehen – so bleibst du nicht allein damit.

Am Ende wartet eine kleine **Herausforderung** auf dich – natürlich nur, wenn du Bock hast! Würde es dir gefallen, das Gelernte direkt umzusetzen? Also komm mit und lass uns loslegen!

Hauptursachen für Prokrastination

Also, warum **prokrastinierst** du eigentlich? Es gibt einige psychologische Faktoren, die dazu führen können. Ein häufiger Grund ist **Perfektionismus**. Ja, du hast vielleicht diese innere Stimme, die sagt, alles muss perfekt sein. Aber oft führt das nur dazu, dass du überhaupt nicht anfängst. Du hast **Angst** zu versagen oder denkst, dass du nicht gut genug bist. Ein anderes Problem ist mangelndes Selbstvertrauen. Wenn du das Gefühl hast, eine Aufgabe nicht bewältigen zu können, schiebst du sie gerne vor dir her.

Aber es gibt auch emotionale Faktoren. Angst spielt oft eine Rolle. Und das muss nicht nur die Angst vor dem Versagen sein, sondern auch die Angst vor Erfolg. Verrückt, oder? Manchmal sind es einfach alte **Gewohnheiten**, die dir im Weg stehen—wie entscheidungsvermeidende Faulheit. Du bewegst dich langsamer oder nimmst Umwege, um der eigentlichen Aufgabe aus dem Weg zu gehen.

Jetzt die Frage: Wie kannst du diese persönlichen Prokrastinationsauslöser und Muster identifizieren? Stell dich selbst in Frage. Überleg, wann und warum du Dinge aufschiebst. Vielleicht merkst du, dass du oft in bestimmten Situationen oder bei speziellen **Aufgaben** prokrastinierst. Vielleicht passiert das jedes Mal, wenn du an ein großes Projekt denkst. Einige Leute legen sich kleine Listen an—was total hilfreich sein kann. Schreib auf, wann du prokrastinierst und wie du dich dabei fühlst.

Okay, kommen wir zur "5 Warum"-Technik. Stell dir vor, du verschiebst das Schreiben eines Berichts. Du fragst dich: "Warum schiebe ich das auf?" Die Antwort könnte sein, "Weil ich nicht weiß, wie ich anfangen soll." Dann fragst du wieder: "Warum weiß ich nicht, wie ich anfangen soll?" Vielleicht lautet die Antwort: "Weil das Thema komplex ist." "Und warum denke ich, dass das Thema komplex ist?" So geht es weiter, bis du zum Kernproblem kommst.

Aber mal ehrlich, es kann ein wenig mühsam sein, so tief zu graben. Auf der anderen Seite, was hast du zu verlieren? Versuch's mal. Du könntest am Ende feststellen, dass deine **Prokrastination** auf konkrete, oft lösbare Probleme zurückzuführen ist—wie fehlendes Wissen oder die Notwendigkeit, kleinere, machbare Ziele zu setzen.

Es kann auch super hilfreich sein, darüber zu sprechen. Klingt vielleicht einfach, aber manchmal reicht es, sich mit jemandem auszutauschen. Familienmitglieder, Freunde, vielleicht sogar Kollegen. Sie sehen oft Dinge, die du selbst nicht bemerkst. Plus, manchmal tut gut zu hören, dass du nicht alleine bist mit diesem Problem.

Ein weiterer Tipp: Schaffe dir ein **Umfeld**, das Prokrastination erschwert. Kein Witz. Mach die Aufgabe zum Zentrum deines Fokus. Räum auf, leg dein Handy weg, und schaffe dir einen angenehmen Arbeitsplatz. Das klingt so trivial, kann aber einen riesigen Unterschied machen.

Letztlich läuft alles darauf hinaus, ehrlich mit dir selbst zu sein. **Selbstreflexion** ist der Schlüssel, um die eigentlichen Gründe für Prokrastination zu finden und dann daran zu arbeiten. Wer weiß— vielleicht ist der Weg zum Ziel einfacher, als du dachtest.

Die "Iss den Frosch"-Technik

Kennst du das **Gefühl**, wenn du den Tag beginnst und direkt vor lauter Aufgaben nicht weißt, wo du anfangen sollst? Oft schiebst du die schweren Sachen auf und gehst zuerst die einfachen an. Ganz ehrlich, das hilft nicht wirklich. Genau hier kommt die "Iss den Frosch"-Technik ins Spiel. Diese **Methode** verlangt, dass du die herausforderndste Aufgabe des Tages zuerst angehst, also richtig anpackst, was du am wenigsten tun willst. Warum machst du das? Ganz einfach, sobald diese Aufgabe erledigt ist, fühlst du dich wie ein echter Champion und hast den ganzen Tag über Schwung.

Die Idee ist, dass du am Anfang des Tages die meiste **Energie** und Konzentration hast. Diese nutzt du dann für eine schwierige Aufgabe oder "Frosch"-Aufgabe, wie sie bei dieser Technik genannt wird. Indem du den schwersten Brocken aus dem Weg räumst, wird der restliche Tag plötzlich leichter. Keine Last auf den Schultern, weil du weißt, das Schlimmste ist schon erledigt.

Aber wie findest du überhaupt deinen "Frosch" im täglichen Plan? Das geht so: Nimm dir erst mal eine Minute und mach eine Liste all deiner Aufgaben für den Tag. Schau dir diese Liste genau an und frag dich: "Welche Aufgabe würde ich am liebsten meiden?" Richtig, das ist dein **Frosch**! Diese Aufgabe könnte besonders zeitaufwendig, herausfordernd oder einfach unangenehm sein – vielleicht ist es ein langes Meeting, ein schwieriges Gespräch oder eine komplexe Analyse.

Ein praktischer Tipp: Priorisiere diese "Frosch"-Aufgaben auf deiner To-Do-Liste. Markiere sie fett oder benutze eine auffällige Farbe. Mach sie so sichtbar wie möglich. Wenn du diese Aufgabe dann als allererstes angehst, wird der restliche Tag einfacher und angenehmer.

Gut, wie kriegst du das jetzt in den Alltag integriert? Mit der **Zeitblockierungstechnik**, richtig praktisch. Was das ist? Ganz simpel. Du planst im Voraus spezifische Zeitblöcke in deinem Tagesablauf, die ausschließlich für deine Frosch-Aufgaben reserviert sind. Stell dir vor, du reservierst jeden Tag von 9:00 bis 10:00 Uhr morgens für die wichtigste und schwierigste Aufgabe des Tages. Kein Ablenken, kein Multitasking.

Wenn du dich mit dieser Zeitblockierung einpendelst, wirst du merken, wie **effizient** du damit umgehen kannst. Du sagst deinem Kalender quasi: "Diese Stunde gehört meinem Frosch." Es kann helfen, den Wecker zu stellen oder einen Timer zu benutzen, damit du auch wirklich bei der Sache bleibst. Diese klaren, strukturierten Blöcke reduzieren die Versuchung, ständig den Fokus zu verlieren oder abgelenkt zu sein.

Im Endeffekt, wenn du die tägliche Aufgabe planst und priorisierst und dann konsequent eine Zeitblockierung übst, wird das eine wahre Erleichterung für deinen **Arbeitsalltag** sein. Es schafft Raum für Kreativität, Produktivität und vor allem – erledigte "Frösche."

Und damit klappt die "Iss den Frosch"-Technik ganz gut. Der schwere Start verwandelt sich in **Erfolgsgefühl** und Erleichterung, wenn du sie jeden Tag wieder anwendest. Denk dran, jeder große Berg, den man erklimmt, beginnt mit dem ersten Schritt. Oder in diesem Fall – mit dem ersten Biss.

Aufgaben in überschaubare Teile aufteilen

Im Kampf gegen **Prokrastination** spielt wahrgenommener Fortschritt eine wichtige Rolle. Studien zeigen, dass deine **Motivation** steigt, wenn du kleine, aber sichtbare Fortschritte erzielst. Das Gefühl, etwas geschafft zu haben, pusht dich weiter nach vorne. Dies hilft dir, den Berg an Arbeit vor dir weniger gigantisch erscheinen zu lassen.

Betrachten wir die **Projektstrukturplan-Methode**, auch bekannt als Work Breakdown Structure (WBS). Sie ist echt hilfreich, um große Projekte in kleinere Teile zu zerlegen. Stell dir ein Projekt wie einen Baum vor – das Hauptprojekt ist der Stamm, und die verschiedenen Teilaufgaben sind die Zweige. Diese Zweige in immer kleinere Zweige und Blätter aufzuteilen, macht den gesamten Baum überschaubarer. Ganz einfach.

Nehmen wir ein Beispiel: Angenommen, du musst ein **Buch** schreiben. Das große Ziel – das Buch – ist der Stamm. Nun zerlegst du es in Kapitel (große Zweige), Abschnitte (kleine Zweige) und schließlich in einzelne Seiten oder Absätze (Blätter). Jede kleine abgeschlossene Aufgabe bringt dich dem großen Ziel näher. **Checklisten** sind hierbei echte Helden. Gerade wenn du ein Kästchen abhakst, gibt dir das den nötigen Motivationskick.

Jetzt zur **Schweizer Käse-Methode**. Klingt lustig, funktioniert aber großartig! Es geht darum, Aufgaben nicht in einem durchzuziehen, sondern hier und da kleine „Löcher" reinzupieksen – wie ein Schweizer Käse eben. Dieses Vorgehen macht überwältigende Aufgaben viel attraktiver.

Angenommen, du musst die Garage aufräumen. Mega viel Kram, keine Lust. Statt stundenlanges Rackern nimmst du dir kleine Häppchen vor, wie z. B. „heut nur die Werkzeuge sortieren" oder „morgen die Fahrräder aufräumen". So entstehen kleine Löcher im Chaos. Nach und nach siehst du echten **Fortschritt** und das motiviert.

Zwischen diesen beiden Methoden gibt es auch Parallelen. Beide zielen darauf ab, große, unüberschaubare Projekte in handhabbare Schritte zu verwandeln. Es erleichtert dir, in kleinen Schritten voranzukommen und hilft dir, den Überblick zu behalten. Wichtig dabei ist, genau zu wissen, was die nächsten Schritte sind. Klarheit hilft nämlich ungemein, die innere Abwehr gegen das Anfangen zu überwinden.

Aber wie hängt das mit Prokrastination zusammen – warum ist Aufteilen überhaupt nützlich? Während du einzelne Teile bearbeitest, fühlst du dich produktiver. Dein **Selbstvertrauen** steigt dadurch – du weißt, okay, diesmal hast du es gepackt und die Chance ist riesig, dass du auch die nächste Aufgabe angehst. Und wieder ein Fortschritt! So machst du einen Schritt nach dem anderen und plötzlich siehst du, dass der große Batzen doch irgendwie zu schaffen ist.

Also statt mit heroischen Anstrengungen große Aufgaben anzugehen, setze kleine Schritte – wie kleine Kästchen, die du nochmal ankreuzen kannst. Zielführend und motivierend. Na, legst du los?

Verantwortungssysteme für die Aufgabenerledigung

Die **Macht** von sozialem Engagement, um **Aufschiebeverhalten** zu überwinden, kann echt erstaunlich sein, oder? Wenn du jemandem eine Aufgabe versprichst, ist die Wahrscheinlichkeit höher, dass du sie auch erledigst. Einfach, weil du dich verpflichtet fühlst. Das ist, wie wenn du einer Freundin versprichst, zusammen ins Fitnessstudio zu gehen. Du möchtest sie nicht hängen lassen. Sozialer Druck ist mächtig. Er schafft eine Art unsichtbare Bindung, die dafür sorgt, dass du dran bleibst.

Aber wie richtest du effektiv Verantwortlichkeitspartnerschaften oder -gruppen ein? Hier ein paar Tipps: Such dir jemanden, dem du vertraust und der ebenfalls an Selbstdisziplin arbeiten will. Plant regelmäßige Check-ins, vielleicht wöchentlich. Das hält die **Motivation** hoch und ermöglicht es euch, Fortschritte und Hindernisse zu besprechen. Eine WhatsApp-Gruppe oder einfach ein kurzer Anruf tun Wunder. Vereinbart kleine Strafen oder Belohnungen. Zum Beispiel: Hast du die Aufgabe diese Woche nicht geschafft? Dann gibst du dem anderen einen Kaffee aus.

Eine andere effektive Methode ist die "öffentliche Erklärung". Stell dir vor, du postest auf Social Media, dass du jeden Tag 30 Minuten an deinem **Projekt** arbeiten wirst. Der soziale Druck wird deutlich erhöht, weil du nicht öffentlich scheitern willst. Freunde und Follower fragen möglicherweise nach deinem Fortschritt. Du willst sie nicht enttäuschen und kommst so eher in die Umsetzung. Klar, es ist auch riskant, denn es setzt dich unter Druck. Aber das macht doch gerade den Reiz aus, oder?

Erinnerst du dich an diese Zeiten in der Schule, wo du für eine **Präsentation** arbeiten musstest? Der Gedanke daran, vor der Klasse zu stehen und zu versagen, hat dich vermutlich motiviert, wirklich gut vorbereitet zu sein. Anderer Leute Augen auf dir haben eine ähnliche Wirkung. Sie pushen dich, auch wenn es unangenehm ist.

Du könntest auch eine Verantwortlichkeitsgruppe starten. In einer solchen Gruppe versammelt ihr euch, persönlich oder online, und setzt klare **Ziele**. Jede Woche ein kleines Ziel zu erreichen, kann ein riesiger Schritt in Richtung deiner großen Ziele sein. Mach nicht zu viel auf einmal – das führt nur zu Frust.

Ein Tipp nebenbei: Halte die Verabredungen so einfach wie möglich. Einfach ist gut, weil es machbar ist. Und mach es spaßig! Quatscht nicht nur darüber, was nicht geklappt hat. Feiert auch, was ihr erreicht habt.

Manchmal vergisst du leicht, dass es kleine Schritte sind, die zum großen Ziel führen. Wenn du öffentlich bekannt gibst, dass du jeden Tag ein Kapitel eines Buches lesen wirst, ist das überschaubar. Mach dasselbe mit großen Projekten. Teile sie in **Snacks**, sozusagen!

Probier verschiedene Methoden aus und sieh, was für dich am besten funktioniert. Nimm dich selbst nicht zu ernst. Gehe es locker an, wie bei einem Spaziergang mit einem Freund im Park. Ein Fuß vor den anderen. **Konsequenz** ist hier der Schlüssel.

Solche Systeme helfen uns oft mehr, als wir anfangs glauben. Gib dir selbst die Chance und sei gespannt, was so alles passieren kann. Vielleicht wirst du staunen, wie sehr das Einhalten kleiner **Versprechen** dein Leben auf vielen Ebenen verbessern kann.

Praktische Übung: Prokrastinations-Bekämpfungs-Challenge

Zuerst: **Identifiziere** deine drei wichtigsten Aufgaben oder Projekte, bei denen du zur Prokrastination neigst. Denk kurz nach... welche Dinger schiebst du immer wieder auf? Vielleicht ist es der nervige Papierkram für die Steuererklärung. Oder das lange aufgeschobene Buch, das du seit Jahren schreiben willst. Oder dieser Online-Kurs, den du einfach nicht beenden kannst. Schreib diese drei Dinge einfach mal auf. Sie müssen nicht perfekt formuliert sein. Hauptsache, du weißt, worum es geht.

Als Nächstes: Zerlege jede **Aufgabe** in kleinere, umsetzbare Schritte. Das macht es weniger überwältigend. Hier ein Beispiel: Für die Steuererklärung beginnst du vielleicht mit dem Sammeln aller notwendigen Dokumente. Dann sortierst du sie. Schließlich füllst du die Formulare aus. Immer eine Sache nach der anderen. Es fühlt sich viel machbarer an, oder?

Dann: Setze spezifische **Deadlines** für jeden Schritt und die gesamte Aufgabe. Gib jedem Teilschritt ein eigenes Datum. Bis wann willst du die Dokumente gesammelt haben? Bis wann sortieren? Und wann ist Abgabe-Datum für den ganzen Kram? Klare Fristen helfen dir, dich dran zu halten und die Sachen wirklich anzugehen.

Jetzt: Finde einen **Verantwortlichkeitspartner** oder eine Gruppe, mit der du deine Ziele teilen kannst. Erzähle einem Freund oder Familienmitglied von deinen Plänen. Erzähl ihnen von deinen drei großen Aufgaben und den jeweiligen Fristen. Dann hast du gleich jemanden, der dich motiviert und daran erinnert, falls du wieder ins alte Muster verfällst.

Weiter geht's: Wende die „Eat That Frog"-**Technik** täglich für eine Woche an. Was das bedeutet? Ganz einfach: Mach die unangenehmste Aufgabe zuerst. So oft wir auch versuchten, dem unangenehmsten Part zu entkommen, es bringt nichts. Pack's an und mach's gleich! Du wirst dich danach befreit fühlen und den Rest des Tages viel produktiver sein.

Außerdem: Nutze die „Pomodoro-Technik", um in konzentrierten **Zeitabschnitten** an deinen Aufgaben zu arbeiten. Stell den Timer auf 25 Minuten und fokussiere dich nur auf eine Aufgabe. Keine Ablenkungen, nur du und die Aufgabe. Nach 25 Minuten machst du eine kurze Pause. Wiederhole das ein paar Mal und staune, wie viel du tatsächlich geschafft hast.

Wichtig: Notiere täglich deinen **Fortschritt** und deine Herausforderungen. Du kannst ein Tagebuch führen oder einfach eine Notiz-App nutzen. Hauptsache, du hältst fest, wie's läuft. Was hast du erreicht? Welche Schritte gingen leicht von der Hand und welche waren schwer? Diese Selbstreflexion hilft dir, dran zu bleiben und eventuell Blockaden zu erkennen.

Zum Schluss: Reflektiere über deine Erfahrungen und verfeinere deine Anti-Prokrastinations-**Strategie**. Schau dir am Ende der Woche deine Notizen an. Was hat gut funktioniert und was nicht? Vielleicht brauchst du für bestimmte Aufgaben mehr Zwischenziele. Oder die Pomodoro-Phasen sollten länger oder kürzer sein. Passe deinen Plan an, damit er noch besser zu dir passt.

So schaffst du es Schritt für Schritt, die Prokrastination in den Griff zu bekommen. Es wird keine Wunder über Nacht geben, aber jede kleine Veränderung zählt. Bleib dran und mach weiter!

Zum Schluss

In diesem Kapitel hast du wichtige **Strategien** erlernt, um **Prokrastination** zu überwinden. Mit praktischen **Techniken** und anschaulichen Beispielen zeigt dieser Abschnitt, was alles möglich ist, wenn du deinen inneren **Schweinehund** bezwingst und kraftvoll handelst.

Du hast gesehen:

- welche psychologischen Faktoren Prokrastination verursachen

- wie du deine persönlichen Prokrastinationsauslöser erkennen kannst

- was die "5 Mal Warum"-Technik ist, um tiefere Gründe aufzudecken

- wie du die "Eat That Frog"-Technik nutzt, um deine härtesten **Aufgaben** als Erstes zu erledigen

- wie du große Projekte in kleinere, handhabbare **Schritte** aufteilen kannst

Durch das Anwenden dieser Methoden kannst du selbst die größten **Herausforderungen** Stück für Stück bewältigen. Bleib am Ball, setz diese Vorschläge aktiv um und sei stolz auf jeden kleinen Erfolg. Du hast jetzt das **Wissen** und die Werkzeuge in der Hand, um Prokrastination ein für alle Mal zu besiegen. Schnapp dir diese Kapitelinhalte und verändere deinen Alltag zum Positiven!

Kapitel 13: Langfristige Selbstdisziplin aufrechterhalten

Hast du dich schon mal gefragt, warum manche Leute es **schaffen**, durchzuhalten, während andere oft aufgeben? Na, das hat 'ne Menge mit **Selbstdisziplin** zu tun. In diesem Kapitel nehme ich dich mit auf 'ne spannende Reise, wo du lernst, wie du am Ball bleibst und dich ständig verbesserst. Klingt cool, oder?

Du wirst hier entdecken, wie du nachhaltige **Gewohnheiten** entwickelst, die sich wie deine zweite Haut anfühlen. Und keine Panik, ich bin kein Perfektionist. Wir werfen auch 'nen Blick auf Selbsteinschätzung und Anpassungen – kleine **Fortschritte**, die echt 'nen Riesenunterschied machen. Und das Beste? Feier jeden Meilenstein und bleib **motiviert**!

Stell dir mal vor, wie stolz du auf deine Entwicklung sein wirst. Nie aufhören zu lernen und immer die **Verbesserung** im Auge behalten. Dazu gibt's praktische Übungen, um langfristige **Disziplin** aufzubauen. Bist du bereit, durchzustarten? Dann lass uns **loslegen**!

Nachhaltige Gewohnheiten entwickeln

Habit Stacking ist ein echt **cleverer Ansatz**, um neue Gewohnheiten in deinen Alltag einzubauen. Die Idee dahinter ist, eine neue

Angewohnheit an eine bereits bestehende zu koppeln, damit du sie leichter beibehältst. Stell dir das wie **LEGO-Steine** vor, die du zusammenbaust. Du hast schon eine feste Routine, zum Beispiel morgens Kaffee trinken, und dann fügst du einfach eine neue Gewohnheit wie zehn Minuten lesen hinzu. So hast du zwei Dinge, die zusammengehören, und es fällt dir leichter, dabei zu bleiben.

So entwickelst du **Habit Chains**, die dafür sorgen, dass deine disziplinierten Verhaltensweisen immer stärker werden. Zuerst suchst du dir ein paar einfache Dinge aus, die du täglich machst. Kaffee trinken, Zähne putzen, aufräumen – kennst du ja. Nun bastelst du dir eine Kette daraus, und zwar so: Nach dem Zähneputzen mache ich X, nach dem Kaffeetrinken mache ich Y. So ergibt sich eine logische Abfolge und du kommst gar nicht erst in Versuchung, die neue Aktion auszulassen. Wichtig ist, dass du es einfach hältst, gerade am Anfang.

Die Technik der "**Minimum Viable Habits**" hilft auch richtig gut. Die Idee ist, die Ziele so minimal wie möglich zu setzen, damit du sie echt leicht erreichen kannst. Statt jeden Tag eine halbe Stunde zu joggen, fang mit fünf Minuten an. Klingt fast zu simpel, oder? Aber genau das ist der Trick. Wenn die Hürde niedriger ist, gibt's weniger Ausreden. Und schon nach ein paar Tagen wirst du merken, wie aus diesen kleinen Aktionen feste Gewohnheiten werden.

Konsistenz ist natürlich auch wichtig. Auch wenn es nur winzige Schritte sind – viele kleine Schritte machen das große Ganze aus. Eine Habit Chain könnte zum Beispiel so aussehen: Aufstehen, Tee kochen, fünf Minuten meditieren, Zähne putzen und dabei ein kleines Gedicht aufsagen. Füge Stück für Stück, so klein sie auch sind, zu einem ganzen Tagesplan zusammen. Auch hier gilt: Wenn's zu kompliziert wird, vereinfach es.

Minimale Gewohnheiten verstärken Konsistenz - und genau darum geht's doch. Vielleicht denkst du, ein einziges Mini-Workout bringt nicht viel. Aber denk dran, es geht um die Regelmäßigkeit. Die fünf Minuten Yoga führen zu zehn Minuten und zu mehr - das zählt.

Mach deine Gewohnheiten super einfach und baue sie Schritt für Schritt aus.

Das genannte Habit Stacking verknüpfst du mit diesen Mini-Gewohnheiten und baust damit einen beeindruckenden **Kreislauf guter Routinen** auf. Stell dir vor, du brühst jeden Morgen deinen Kaffee auf – statt nur auf Instagram rumzuscrollen (komm schon, ertappt!), machst du lieber noch einen Fitness-Trick von YouTube oder liest fünf Minuten in einem motivierenden Buch. Daraus kann sich nach einer Weile ein regelrechter **Selbstverbesserungs-Kreislauf** entwickeln, der dir mental richtig gut tut.

Denk dran: So wie Zähneputzen zur Gewohnheit wurde, kannst du auch andere kleine Dinge in deinen Alltag einbauen. Mach diese Gewohnheiten winzig und einfach. Setz dir realistische, leicht erreichbare Ziele. Du wirst sehen, wie jede Mini-Aufgabe langfristig ihre Wirkung zeigt.

Zum Schluss: Denk in kleinen Schritten. Bau diese einfachen Dinge in deinen Alltag ein. Wenn Minigewohnheiten und Habit Chains zu einem nahtlosen Teil deines Lebens werden, wirst du merken, wie sich dein ganzer **Lebensstil** positiv verändert. Zähneputzen oder Kaffeetrinken werden so zum Startpunkt für eine Kette von Aktivitäten, die dein Leben Stück für Stück verbessern.

Regelmäßige Selbsteinschätzung und Anpassung

Hey, hast du dich schon mal gefragt, warum regelmäßige **Selbstreflexion** eigentlich so wichtig ist? Ohne nachzudenken merkst du plötzlich, dass deine **Bemühungen** zur Selbstdisziplin irgendwann nachlassen. Und schwups, steckst du wieder in denselben alten schlechten **Gewohnheiten** fest. Regelmäßige Selbstreflexion hilft dir, auf Kurs zu bleiben und deine Fortschritte realistisch zu bewerten.

Jeden Monat, kurz und schmerzlos: Selbstdisziplin-Prüfung. Eine Art persönlicher "Kontenabstimmung", aber für deine **Ziele** und Gewohnheiten. Nimm dir jeden Monat eine halbe Stunde, setz dich hin und überleg: "Hab ich Fortschritte gemacht? Wo hab ich nachgelassen?" Klingt fast, als würdest du einem Kumpel deinen Monat zusammenfassen, oder?

Ein paar Fragen, die du dir stellen kannst:

• Was ist gut gelaufen?

• Wo hattest du Schwierigkeiten?

• Hast du deine kurzfristigen Ziele erreicht?

• Wo kannst du dich verbessern?

Dann überleg, wie du es nächsten Monat besser machen kannst. Vielleicht merkst du, dass du mehr Zeit mit deinem Handy verbringst, als dir eigentlich lieb ist. Oder, dass du an bestimmten Tagen der Woche irgendwie mehr Durchhänger hast. Voilà! Nächsten Monat einfach anders rangehen und neue **Strategien** testen.

Jetzt kommt die Technik der "persönlichen SWOT-Analyse". Klingt erstmal kompliziert, ist aber echt easy. SWOT steht für Stärken, Schwächen, Chancen und Risiken. Und wie läuft das?

• **Stärken:** Was kannst du gut? Bist du morgens besonders produktiv? Schreib's auf!

• Schwächen: Wo hast du Nachholbedarf? Fang nicht erst an, zu trainieren, wenn du müde bist.

• Chancen: Welche neuen Möglichkeiten ergeben sich? Steht ein nicht genutztes Zeitfenster zur Verfügung, das du nutzen könntest?

- Risiken: Was könnte schiefgehen? Sei ehrlich zu dir selbst, das reduziert den Überraschungsfaktor und hilft bei der Planung.

Mach dir 'ne Liste – ja, so ganz oldschool mit Stift und Papier (oder digital, ganz wie du magst). Und schau sie dir regelmäßig an. Investier 10-15 Minuten im Monat dafür, so kriegst du ein besseres Gefühl dafür, wo du stehst und was zu tun ist.

Stell dir vor, du hast dir das Ziel gesetzt, jeden Tag 30 Minuten zu lesen, um dich weiterzubilden. Bei deiner Selbstreflexion merkst du, dass du das meistens abends nach der Arbeit machst, aber oft zu müde bist und das Lesen schleifen lässt. Problem erkannt, könnte die Lösung sein, das Lesen kurzerhand auf den Morgen zu verlegen. Wer hätte gedacht, dass so 'ne simple Anpassung so viel bringen kann?

Regelmäßige Selbsteinschätzung und die persönliche SWOT-Analyse helfen dir, langfristig fokussiert zu bleiben. Du checkst nicht nur, wie weit du gekommen bist, sondern auch wohin die Reise noch gehen soll. So hast du immer einen Plan und kannst dich ständig verbessern, kleine **Meilensteine** feiern und auch Rückschläge wegstecken, ohne dass sie dich komplett aus der Bahn werfen. Das ist keine einmalige Sache, sondern eine fortlaufende Übung, die Selbstdisziplin greifbar und praktisch macht.

Abschließend – oder fast, klar – willst du wissen, wie sich deine Bemühungen über die Zeit hinweg wirklich auszahlen. Schrittweise, langsam aber sicher, wirst du besser und stärker. Klar, alles braucht seine Zeit. Aber schau dir dann diesen **Fortschritt** an – wow, echt ein starkes Gefühl, es selbst in der Hand zu haben.

Meilensteine und Fortschritte feiern

Erfolge zu erkennen hilft dir wirklich, deine **Motivation** hochzuhalten. Dein Gehirn ist so verdrahtet, dass es sich nach Anerkennung sehnt. Es fühlt sich gut an, denn Dopamin wird freigesetzt. Dieses Gefühl treibt dich an, immer weiterzumachen. Schließlich ist es öde, hart zu arbeiten, ohne jemals irgendwie belohnt zu werden, oder?

Aber nicht jede Belohnung ist gleich. Du willst keine kurzfristigen Freuden, die dich vom Kurs abbringen, wie 'ne Tafel Schokolade für jede Stunde. Viel besser sind **Belohnungen**, die mit deinen Werten und Zielen im Einklang stehen. Du könntest dir zum Beispiel eine bestimmte Aktivität als Belohnung setzen, wie einen Abend mit 'nem guten Buch. So belohnst du dich und bleibst deinem Charakter treu.

Ein sinnvolles Belohnungssystem zu erstellen, kann echt knifflig sein. Fang klein an. Belohne die kleinen Schritte, nicht nur die großen Siege. Hast du 'ne Woche lang jeden Tag Sport gemacht? Gönn dir ein kleines Fitnesszubehör-Teil wie ein schickes neues Widerstandsband. Kleine **Erfolge** addieren sich und du bleibst motiviert, an den langfristigen Zielen zu arbeiten.

Dann ist da noch das **Dankbarkeitstagebuch**. Journaling fördert das Bewusstsein für das, was gut läuft. Du schreibst jeden Tag drei Dinge auf, für die du dankbar bist. Es klingt simpel, hat aber 'ne große Wirkung. Dein Gehirn lernt, sich auf's Positive zu fokussieren, statt auf's Negative. Schreibst du deine Fortschritte auf, werden sie greifbarer.

Hier ein Beispiel: Du hast diese Woche deine Ernährungsziele erreicht. Das kannst du in deinem Journal festhalten: "Ich hab's geschafft, fünf Tage lang gesund zu essen." Das erinnert dich daran, dass du auf dem richtigen Weg bist und hebt deine Stimmung.

Noch ein Tipp für's Dankbarkeitstagebuch: Notier nicht nur Ergebnisse, sondern auch **Anstrengungen**. Wenn du dich an einem Tag extrem bemüht hast, trotz vieler Ablenkungen konzentriert zu bleiben, dann ist das schon einen Eintrag wert. Deine Willensstärke war vielleicht das ganze Investment.

Manchmal geht's auch mehr um die Reise als um's Ziel. **Erfolg** passiert nicht von heut auf morgen. Es sind diese alltäglichen Bemühungen, die zählen. Also erkenne jeden Schritt auf deinem Weg an - auch die kleinen Schritte sind wichtig.

Man könnte sagen, sich selbst zu belohnen ist wie einen Kumpel zu loben, wenn er was gut gemacht hat. Stell dir vor, du erzählst einem Freund, was du erreicht hast und wie du's gemacht hast. Das ist der psychologische Trick. Dich selbst zu ermutigen und dir selbst auf die Schulter zu klopfen fühlt sich genauso gut an.

Apropos, wie du diese **Fortschritte** festhältst - notier sie auf 'ne Art und Weise, die für dich funktioniert. Manche machen's digital auf 'ner App, andere auf Papier in Notizbüchern oder Kalendern. Find die Methode, die dich am meisten anspricht, und bleib dabei.

Die Idee ist einfach: Erfolge feiern, kontinuierlich Fortschritte erkennen, sich mit den richtigen Dingen belohnen und **Dankbarkeit** üben. Zusammen machen diese Dinge den Prozess persönlicher und halten dich immer motiviert. Fang simpel an und bau darauf auf – bevor du dich versiehst, ist langfristige Disziplin dein normaler Lebensstil.

Kontinuierliches Lernen und Selbstverbesserung

Beim **absichtlichen Üben** geht's darum, mit Fokus und Absicht zu lernen. Stell dir vor, du willst ein Instrument lernen. Du hämmerst nicht einfach planlos auf die Tasten; du nimmst dir Zeit für spezielle Übungen und erkennst deine Schwächen. Dasselbe Prinzip gilt auch für's Entwickeln von **Selbstdisziplin**. Indem du gezielt an deinen Schwachstellen arbeitest und regelmäßig deine Fortschritte checkst, kommst du weiter. Es ist nicht nur das Üben selbst, sondern der durchdachte Ansatz, der dich voranbringt.

Überleg mal, wie du deinen persönlichen **Entwicklungsplan** erstellen kannst. Fang mit 'ner Ist-Analyse an: Wo stehst du gerade in Sachen Selbstdisziplin? Was macht dir Schwierigkeiten? Schreib auf, was du verbessern möchtest, und setz dir konkrete, messbare Ziele. Plan regelmäßige Check-ins ein, um deinen Fortschritt im Auge zu behalten. Und denk dran: Nimm dir Zeit, um über Rückschläge nachzudenken – das gehört auch zum Prozess. Merk dir: Selbstdisziplin ist wie ein Muskel. Je öfter du sie trainierst, desto stärker wird sie.

Jetzt kommen wir zur Technik des "**Skill Stackings**". Das bedeutet einfach, dass du eine Fertigkeit auf der anderen aufbaust. Stell dir vor, du bist 'n Ass im Zeitmanagement, aber tust dich schwer damit, gesunde Gewohnheiten beizubehalten. Was könntest du tun? Nutz dein Zeitmanagement-Talent, um Platz für neue Gewohnheiten zu schaffen. Das könnte so aussehen: Bastel dir einen strikt getakteten Morgenplan mit festen Zeiten für Sport und Meditation. So unterstützt der eine Skill den anderen.

Skill Stacking lässt sich auf viele Bereiche anwenden. Vielleicht willst du besser mit **Stress** umgehen? Da könnte die Kombi aus Stressbewältigungstechniken und Zielsetzung echt effektiv sein. Fang mit einfachen Techniken wie Atemübungen an und pack dann kompliziertere Ziele wie stressfreie Präsentationen drauf. So entwickelst du mit der Zeit 'ne robustere Selbstdisziplin.

Lass uns ehrlich sein, **Rückfälle** passieren. Aber hier kommt eben kontinuierliches Lernen ins Spiel. Nimm dir Zeit, aus Fehlern zu lernen. Du könntest zum Beispiel 'n Tagebuch führen, in dem du diese Momente festhältst. Aus jedem Fehler lässt sich was lernen – und das ist der Schlüssel zu echtem Wachstum. Es geht nicht darum, perfekt zu sein, sondern stetig Fortschritte zu machen.

Sei streng mit dir selbst, aber nicht gnadenlos. Glaub an kleine Schritte und gönn dir **Ruhepausen**. Jedes kleine Erfolgserlebnis stärkt deine Fähigkeit zur Selbstdisziplin, auch wenn's manchmal nur darum geht, dass du 'ne verlockende Ablenkung abwehrst.

Zum Schluss, vergiss nicht, dich für deine Erfolge zu **belohnen**. Kleine Belohnungen für erreichte Ziele können unheimlich motivierend sein. Sie stärken den positiven Kreislauf und geben dir die Energie, weiterzumachen.

Diese Ideen zusammen können dich in Sachen Selbstdisziplin echt weiterbringen. Sei es durch gezieltes Üben, einen Entwicklungsplan oder Skill Stacking – alle formen und stärken deine Fähigkeiten. Mach diesen Prozess zu 'nem Teil deines Lebensstils, und du wirst staunen, wie sich deine Selbstdisziplin entfaltet.

Praktische Übung: Langfristiger Plan zur Selbstdisziplin

Lass uns mal über langfristige **Visionen** quatschen. Wie stellst du dir deine Selbstdisziplin in 1 bis 5 Jahren vor? Es geht nicht darum, sofort alles perfekt zu machen. Überleg einfach, was du erreichen willst. Vielleicht möchtest du disziplinierter mit deiner Zeit umgehen, bessere **Gesundheitsgewohnheiten** entwickeln oder deine Arbeitsmoral verbessern. Auf jeden Fall brauchst du eine Vorstellung davon, wohin die Reise gehen soll.

Okay, nächster Punkt - die Hauptbereiche. Du musst festlegen, wo du dich verbessern möchtest. Nimm dir Zeit und frag dich: Worin bin ich gerade nicht so gut, und was könnte besser laufen? Vielleicht ist es **Zeitmanagement**, vielleicht sind es deine Fitnessroutinen oder deine Ernährung. Schreib dir das auf, das hilft später echt weiter.

Jetzt kommt was Wichtiges – SMART-**Ziele**. Das bedeutet spezifisch, messbar, erreichbar, relevant und zeitgebunden. Sagen wir, du willst im Zeitmanagement besser werden. Statt zu sagen "Ich will meine Zeit besser nutzen", sag lieber "Ich will täglich auf Frühstücks-TV verzichten und die gewonnene halbe Stunde zum Lesen nutzen." Das ist konkreter und du kannst es leichter überprüfen.

Kommen wir zum 90-Tage-**Aktionsplan**. Stell dir eine Liste mit kleinen, machbaren Meilensteinen zusammen, die du jede Woche oder jeden Monat angehen kannst. Bau wichtige Gewohnheiten ein, die dir helfen, auf Kurs zu bleiben. Kleine Schritte sind hier der Trick – Rom wurde schließlich auch nicht an einem Tag erbaut.

Nächster Schritt - wöchentliche Überprüfung. Mach jeden Sonntagabend oder Montagmorgen eine kurze **Sitzung** für dich selbst. Was lief gut, was weniger? Wo kannst du nachjustieren? Bring auch ein bisschen Selbstkritik mit rein, aber nicht zu viel. Man sollte sich ja nicht selbst fertigmachen.

Eine monatliche Selbstbewertung ist auch echt sinnvoll. Das kann dich motivieren, noch mehr Gas zu geben, weil du siehst, wie weit du schon gekommen bist. Schreib dir deine Erfolge auf, auch die kleinen. Das tut gut und gibt Schwung.

Dann vierteljährliche "Neukalibrierungssitzungen" – klingt fancy, ist aber ganz einfach. Setz dich hin und check, ob deine aktuellen Aktionen noch zu deiner langfristigen Vision passen. Was hat bisher funktioniert und was nicht? Was kannst du besser machen? Ein bisschen wie bei einem Schiffskurs, den man auch zwischendurch korrigiert, um nicht vom Weg abzukommen.

Jetzt setzt du deinen Plan um. Klar, das ist vielleicht der härteste Teil, aber auch der wichtigste. Sei geduldig mit dir selbst. Manchmal braucht es Anpassungen – und das ist völlig okay. Sobald du merkst, dass was nicht klappt, probier was Neues aus. Das ist kein Zeichen von Scheitern, sondern von **Flexibilität**.

Und weißt du was? Falls mal was schiefläuft, kein Grund zur Panik. Diese ganzen Übungen, die wöchentlichen Checks, die monatlichen Bewertungen – das sind alles Chancen, sich neu auszurichten und weiterzumachen. Es geht um nachhaltiges **Wachstum**, keine Hauruck-Aktion.

Und zum Schluss – der Zyklus. Wenn du merkst, dass der Plan greift, fängst du einfach wieder von vorne an. Fast wie ein sich drehendes Rad, das immer besser eingefahren ist. Stück für Stück machst du so jeden Tag kleine Fortschritte – und das summiert sich dann. Viel Erfolg dabei!

Zum Schluss

Im Laufe dieses Kapitels hast du viel darüber gelernt, wie du langfristige **Selbstdisziplin** aufrechterhalten kannst. Diese Konzepte und **Techniken** sind wichtig, um deine eigenen **Ziele** zu erreichen und **Gewohnheiten** zu entwickeln, die dich langfristig fördern. Eine entschlossene und kontinuierliche **Anstrengung** in diesen Bereichen kann dein Leben verändern.

In diesem Kapitel hast du gelernt, wie du Gewohnheiten stapelst und dadurch langfristige Disziplin aufbaust. Du hast die Rolle von regelmäßiger **Selbstreflexion** bei der Aufrechterhaltung der Disziplin kennengelernt. Auch die Wichtigkeit des Feierns kleiner Erfolge und **Meilensteine** wurde dir bewusst. Du hast verstanden, wie bedeutsam kontinuierliches Lernen und Selbstverbesserung sind. Nicht zuletzt hast du gelernt, wie du einen langfristigen **Selbstdisziplin-Plan** erstellst und verfolgst.

Mit diesen Werkzeugen und Techniken bist du gut gerüstet, um nachhaltig an deiner Disziplin und deinen Zielen zu arbeiten. Nutze dieses Wissen, bleib am Ball und meistere Hindernisse. Du hast alles, was du brauchst, um erfolgreich zu sein und positive, nachhaltige Gewohnheiten zu schaffen. Ich wünsche dir viel Erfolg dabei!

Zum Abschluss

Das Ziel dieses Buches war es, dir zu helfen, von deiner aktuellen Situation zu einer besseren, produktiveren und **disziplinierteren** Lebensweise zu gelangen.

Lass uns kurz zusammenfassen, was du alles gelernt hast:

Du hast dich mit der tieferen Psychologie und der Funktionsweise von **Willenskraft** beschäftigt. Das hilft dir, dein Verhalten durch ein besseres Verständnis des Gehirns bewusst zu steuern.

Du hast die Grundlagen der **mentalen Härte** kennengelernt. Du weißt jetzt, was mentale Widerstandsfähigkeit ist, wie emotionale Intelligenz dabei eine Rolle spielt und warum eine Wachstumsmentalität so wichtig ist.

Du hast gelernt, schlechte **Angewohnheiten** zu erkennen und zu durchbrechen. Du verstehst nun, wie der Habit Loop funktioniert und warum es so entscheidend ist, negative Gewohnheiten durch positive zu ersetzen.

Du hast Techniken kennengelernt, um **Versuchungen** zu widerstehen. Von der Impulskontrolle bis hin zu verzögerten Belohnungen – du bist jetzt bereit, dein Umfeld so zu gestalten, dass es dich unterstützt.

Du hast dich mit dem Setzen und Erreichen von **Zielen** beschäftigt. SMART-Ziele, die Verbindung zu persönlichen Werten und die Umsetzung in kleine, machbare Schritte sind dir jetzt alle geläufig.

Du hast Techniken für ein effizientes **Zeitmanagement** kennengelernt. Du verstehst nun Priorisierung, den Pomodoro-Ansatz und wie wichtig es ist, Zeitfresser zu eliminieren.

Du hast gelernt, wie wichtig eine disziplinierte **Denkweise** ist. Mit kognitiver Umstrukturierung, positiven Affirmationen und der Überwindung von selbstlimitierenden Glaubenssätzen bist du besser für zukünftige Herausforderungen gewappnet.

Du hast dich mit der Entwicklung von **Resilienz** und Ausdauer beschäftigt. Du weißt jetzt, wie man Rückschläge überwindet und mit Stress umgeht.

Was bringt dir all dieses Wissen? Wenn du alles anwendest, was du gelernt hast, kannst du einen klaren, strukturierten und disziplinierten Lebensstil führen. Das wird dir nicht nur helfen, deine Ziele effizient zu erreichen, sondern auch bei der persönlichen Weiterentwicklung und dem Umgang mit täglichen Herausforderungen zu wachsen. Du hast die Werkzeuge in die Hand bekommen, um der Meister deiner selbst zu werden – Schritte, die dein Leben komplett verändern können.

https://pxl.to/LoganMind

Andere Bücher

Wenn du die **Techniken** und Methoden aus diesem Buch anwendest, um deine **Selbstdisziplin** zu stärken und persönliche Ziele zu erreichen, gibt es noch mehr, was du tun kannst, um dein Wissen zu erweitern. Die zusätzlichen **Bücher**, die ich geschrieben habe oder bald veröffentlichen werde, können dir dabei helfen, noch tiefere Einblicke zu gewinnen und vielseitige Fähigkeiten zu entwickeln.

Emotionale Intelligenz: Durch das Verstehen und Beherrschen emotionaler Intelligenz kannst du bessere zwischenmenschliche Beziehungen aufbauen und die Kontrolle über deine **Gefühle** stärken. Dies wirkt sich unmittelbar positiv auf deine Fähigkeit zur Selbstdisziplin aus.

Selbstwertgefühl: Ein starkes Selbstwertgefühl ist entscheidend, um **Standhaftigkeit** und Ausdauer bei der Verfolgung deiner Ziele zu entwickeln. Es hilft dir, dich selbst zu schätzen und eine gesunde, motivierende Einstellung zu fördern.

Gehirntraining: Mit Techniken, die darauf abzielen, deine kognitiven Fähigkeiten zu verbessern, kannst du deine **Konzentration** und analytischen Fähigkeiten schärfen – unerlässlich, um konsequent an deinen Vorhaben festzuhalten.

Diese Bücher sind entweder bereits veröffentlicht oder werden bald verfügbar sein. Jedes von ihnen ergänzt und vertieft das **Wissen**, das ich in diesem Buch vermittelt habe.

Um meine anderen Bücher anzuschauen, mach einfach Folgendes:

- Klick auf den untenstehenden Link.

- Wähle "All My Books" aus.

- Schnapp dir die Bücher, die dich interessieren.

- Falls du mit mir in Kontakt treten möchtest, findest du alle Möglichkeiten am Ende des Links.

Schau dir alle meine Bücher und Kontaktmöglichkeiten hier an:

https://pxl.to/LoganMind

Hilf mir!

Wenn du **unabhängige Autoren** unterstützt, unterstützt du einen Traum.

Bist du **zufrieden** mit dem Werk? Dann hinterlasse bitte ein ehrliches **Feedback**, indem du den Link unten aufrufst. Hast du Ideen, wie wir uns verbessern können? Dann schick uns doch 'ne Mail an die Kontakte, die du unter dem Link findest.

Warum ist dein Feedback so **wichtig** für uns?

- Es hilft uns, besser zu werden.

- Es **inspiriert** uns zu neuen Werken.

- Es ermutigt andere Leser, unsere Arbeit zu entdecken.

Deine **Stimme** zählt echt! Dein Feedback kann 'nen riesen Unterschied machen.

Du kannst auch einfach den QR-Code scannen und den Link finden, nachdem du dein **Buch** ausgewählt hast.

Es dauert nur 'n paar Sekunden, aber dein **Beitrag** wirkt Wunder.

Hier kannst du dein Feedback hinterlassen:

https://pxl.to/6-taos-lm-review

Werde Teil meines Rezensionsteams!

Vielen Dank, dass du mein Buch liest! Wenn du ein **leidenschaftlicher Leser** bist, möchte ich dich einladen, meinem **Rezensionsteam** beizutreten. Deine ehrliche **Meinung** würde mich sehr unterstützen und im Gegenzug kannst du ein **kostenloses Exemplar** meines Buches erhalten.

So trittst du dem ARC-Team bei:

• Klick einfach auf den Link oder scanne den QR-Code.

• Auf der sich öffnenden Seite findest du das **Buchcover** - klick drauf!

• Wähle dann "Join Review Team".

• Melde dich bei BookSprout an.

• Ab jetzt bekommst du **Benachrichtigungen**, sobald ich ein neues Buch veröffentliche.

Schau dir das Team hier an:

https://pxl.to/loganmindteam

Na, Lust bekommen? Dann leg gleich los und werde Teil meines **Rezensionsteams**! Ich freu mich auf deine Unterstützung und deine Gedanken zu meinem Buch.

www.ingramcontent.com/pod-product-compliance
Lightning Source LLC
Chambersburg PA
CBHW050234120526
44590CB00016B/2082